HOW TO USE

1 하루하루 날짜를 기입하고 단어 30개와
수학공식을 학습해 나갑니다.

2 당일 학습과 더불어 복습주기율표를 참조하여
이전 학습한 단어들과 수학공식을 복습합니다.

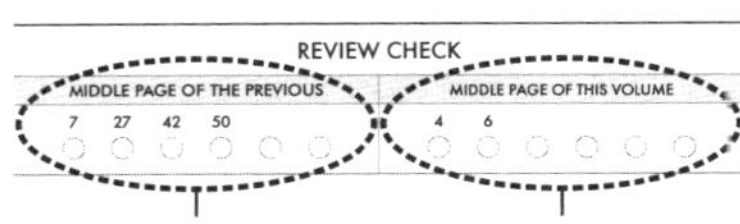

본 단어장을 처음 사용하는 학생은
신경쓸 필요가 없는 부분입니다.
그러나 시리즈로 두권째 이상
사용하는 경우에는 바로 전에
사용했던 단어장의 미들페이지를
찾아가서 거기에 있는 단어와
수학공식을 복습하면 됩니다.

지금 사용하고 있는 단어장의
미들페이지를 찾아가서 거기에 있는
단어와 수학공식을 복습하면 됩니다.

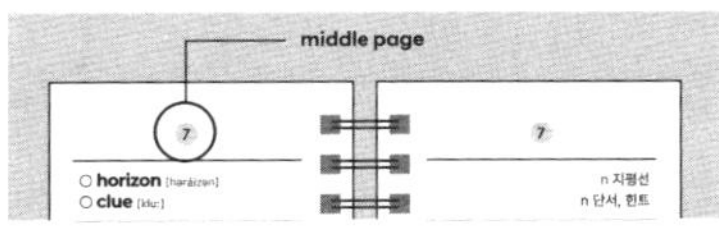

3 복습주기율표는 총 6회 복습하는 시스템인데,
권장하는 복습방식은 먼저 셀프테스트를 치른후
결과를 기입하고 틀린 단어를 다시 집중적으로
학습하여 다음 복습테스트를 대비합니다.

4 사정상 중간중간 하루이틀씩 빼먹더라도 그냥
계속 이어서 단어 암기와 복습을 해 나갑니다.

1

- **cherish** [tʃériʃ]
- **scream** [skri:m]

- **await** [əwéit]
- **exhibition** [èksəbíʃən]

- **cancel** [kǽnsəl]
- **worsen** [wə́:rsən]

- **contaminate** [kəntǽmənèit]
- **dictate** [díkteit]

- **supervise** [sú:pərvàiz]
- **idle** [áidl]

- **deliberate** [dilíbərit]
- **deliberate** [dilíbərèit]

- **principal** [prínsəpəl]
- **definition** [dèfəníʃən]

- **utmost** [ʌ́tmòust]
- **adequate** [ǽdikwət]

- **desirable** [dizáiərəbəl]
- **superficial** [sù:pərfíʃəl]

- **edible** [édəbəl]
- **personnel** [pə̀:rsənél]

v 소중히 여기다
v 소리치다 n 비명

v 기다리다
n 전시, 전시회

v 취소하다
v 악화하다, 악화시키다

v 오염시키다
v 지시하다, 명령하다

v 감독하다
a 게으른 v 빈둥거리다

a 신중한, 계획적인, 고의의
v 심사숙고하다

a 주요한 n 교장
n 정의(定義)

a 최대의, 극도의 n 최고도
a 적절한

a 바람직한
a 피상적인, 표면적인

a 먹을 수 있는
n 직원, 인사(人士)

$$1$$

○ **journalist** [dʒə́:rnəlist]
○ **efficiency** [ifíʃənsi]

○ **pulse** [pʌls]
○ **sensation** [ǽdvərtàiz]

○ **medieval** [mì:dií:vəl]
○ **magnetic** [mægnétik]

○ **successive** [səksésiv]
○ **pregnant** [prégnənt]

○ **sewage** [sú:idʒ]
○ **allowance** [əláuəns]

◆ 원의 접선의 방정식

원 $x^2 + y^2 = r^2$에서

① 기울기 m 인 접선의 방정식은 :
$$y = mx \pm r\sqrt{m^2+1}$$

② 원 위의 점 $(x_1,\ y_1)$에서의 접선은 :
$$x_1 x + y_1 y = r^2$$

1

n 기지
n 효율

n 맥박
n 감각, 센세이션(돌풍)

n 중세의
a 자석의, 매력적인

a 연속적인
a 임신한

n 하수, 오수
n 용돈, 수당

최초 학습일	.　　　　.

SELF-TEST RESULT

1st	2nd	3rd	4th	5th	6th
/30	/30	/30	/30	/30	/30

REVIEW CHECK

MIDDLE PAGE OF THE PREVIOUS						MIDDLE PAGE OF THIS VOLUME					
1	21	36	44	48	50						
○	○	○	○	○	○	○	○	○	○	○	○

- **workout** [wə:rkaut]
- **anniversary** [ænəvə́:rsəri]

- **reconciliation** [rèkənsìliéiʃən]
- **spear** [spiər]

- **shield** [ʃi:ld]
- **breed** [bri:d]

- **bump** [bʌmp]
- **beneficial** [bènəfíʃəl]

- **spark** [spɑ:rk]
- **cease** [si:s]

- **carve** [kɑ:rv]
- **deprive** [dipráiv]

- **designate** [dézignèit]
- **anticipate** [æntísəpèit]

- **lyric** [lírik]
- **limitation** [lìmətéiʃən]

- **vocal** [vóukəl]
- **terminal** [tə́:rmənəl]

- **solitary** [sɑ́litèri]
- **vain** [vein]

2

n 운동, 훈련
n 기념일

n 화해
n 창, 작살

n 방패 v 보호하다
v 번식하다 n 품종

n 충돌 v 부딪히다
a 유익한

n 불꽃 v 불꽃을 일으키다
v 중단하다, 그치다

v 조각하다, 새기다
v 빼앗다, 박탈하다

v 지정하다, 지명하다
v 예상하다, 기대하다

n 가사 a 서정적인
n 제한, 한정

a 목소리의
a 말기의 n 말단, 종점

a 고독한, 혼자의
a 헛된

2

○ **apparent** [əpǽrənt]
○ **trivial** [tríviəl]

○ **vertical** [vә́:rtikəl]
○ **undone** [ʌndʌ́n]

○ **burial** [bériəl]
○ **motivation** [móutəvèiʃən]

○ **jail** [dʒeil]
○ **mural** [mjúərəl]

○ **observation** [àbzərvéiʃən]
○ **souvenir** [sùːvəníər]

평행이동

◆ x축, y축의 방향으로
각각 m, n만큼 평행이동 즉,
$$f : (x,\ y) \rightarrow (x+m,\ y+n)$$

① 점
$$P(x,\ y) \rightarrow P(x+m,\ y+n)$$

② 도형
$$f(x,\ y) = 0 \rightarrow f(x-m,\ y-n) = 0$$

③ 도형
$$y = f(x) \rightarrow y - m = f(x-n)$$

2

a 분명한, (눈에)보이는, 외관상의
a 사소한, 하찮은

a 수직의
a 풀린, 미완성으

n 매장, 매장식
n 동기부여, 자극

n 감옥 v 감금하다
n 벽화

n 관찰, 관측
n 기념품

최초 학습일	. .

SELF-TEST RESULT

1st	2nd	3rd	4th	5th	6th
/30	/30	/30	/30	/30	/30

REVIEW CHECK

MIDDLE PAGE OF THE PREVIOUS					MIDDLE PAGE OF THIS VOLUME					
2	22	37	45	49	1					
○	○	○	○	○	○	○	○	○	○	○

- **perimeter** [pərímitər]
- **perspective** [pə:rspéktiv]

- **nonsense** [nánsens]
- **exactly** [igzǽktli]

- **agent** [éidʒənt]
- **usage** [jú:sidʒ]

- **bandage** [bǽndidʒ]
- **religious** [rilídʒəs]

- **blossom** [blásəm]
- **flock** [flɑk]

- **litter** [lítər]
- **shrug** [ʃrʌg]

- **extremely** [ikstrí:mli]
- **objection** [əbdʒékʃən]

- **sigh** [sai]
- **shrink** [ʃriŋk]

- **moisture** [mɔ́istʃər]
- **submission** [səbmíʃən]

- **selective** [siléktiv]
- **basin** [béisən]

3

n 장벽, 장애물
n 수수료, 요금

v 급상승하다, 높이 날다
v 수확하다

v 대응하다, 일치하다, 서신을 주고받다
n 강조

v 유래하다, 시작되다
a 쌀쌀한, 차가운

a 부모의, 부모와 관련된
a 특이한, 이상한

최초 학습일	. .

SELF-TEST RESULT

1st	2nd	3rd	4th	5th	6th
/30	/30	/30	/30	/30	/30

REVIEW CHECK

MIDDLE PAGE OF THE PREVIOUS	MIDDLE PAGE OF THIS VOLUME
3　23　38　46　50　○ ○ ○ ○ ○ ○	2　○ ○ ○ ○ ○ ○

- **modification** [màdəfikéiʃən]
- **monotonous** [mənɑ́tənəs]

- **dawn** [dɔ:n]
- **adversity** [ædvə́:rsəti]

- **liver** [lívər]
- **microscope** [máikrəskòup]

- **outlet** [áutlet]
- **messy** [mési]

- **random** [rǽndəm]
- **equator** [ikwéitər]

- **selection** [silékʃən]
- **faucet** [fɔ́:sit]

- **bullet** [búlit]
- **gender** [dʒéndər]

- **coherent** [kouhíərənt]
- **skeptical** [sképtikəl]

- **hostile** [hɑ́stil]
- **pursuit** [pərsú:t]

- **breathtaking** [breθtéikiŋ]
- **vice-versa** [váisi-və́:rsə]

n 둘레, 주변
n 관점, 시각, 원근법

n 무의미한 말, 헛소리
ad 정확히

n 대리인
n 용법, 사용(법)

n 붕대 v 붕대를 감다
a 종교적인

n 꽃 v 꽃이 피다
n 떼, 무리 v 모이다

n 쓰레기 v 어지럽히다
v 어깨를 으쓱하다

ad 극단적으로
n 반대

v 한숨 쉬다 n 한숨
v 줄어들다, 축소되다

n 수분, 습기
n 복종, 제출

a 선택적인
n 분지, 대야

3

- ⭘ **barrier** [bǽriər]
- ⭘ **fee** [fiː]

- ⭘ **soar** [sɔːr]
- ⭘ **reap** [riːp]

- ⭘ **correspond** [kɔ̀ːrəspɑ́nd]
- ⭘ **emphasis** [émfəsis]

- ⭘ **originate** [ərídʒənèit]
- ⭘ **chilly** [tʃíli]

- ⭘ **parental** [pəréntl]
- ⭘ **peculiar** [pikjúːljər]

대칭이동

◆ 다음과 같이 대칭이동한

도형 $f(x,\ y)=0$의 방정식은

① x축에 대하여 $\Rightarrow f(x,\ -y)=0$

② y축에 대하여 $\Rightarrow f(-x,\ y)=0$

③ 원점에 대하여 $\Rightarrow f(-x,\ -y)=0$

④ 직선 $y=x$에 대하여 $\Rightarrow f(y,\ x)=0$

⑤ 직선 $x=a$에 대하여 $\Rightarrow f(2a-x,\ y)=0$

⑥ 직선 $y=b$에 대하여 $\Rightarrow f(x,\ 2b-y)=0$

⑦ 점 $(a,\ b)$에 대하여 $\Rightarrow f(2a-x,\ 2b-y)=0$

4

n 수정, 변경
a 단조로운, 변화가 없는

n 새벽 v 날이 밝다
n 역경, 고난

n 간
n 현미경

n 출구, 판로
a 지저분한, 엉망인

a 무작위의 n 무작위
n 적도

n 선택
n 수도꼭지

n 총알
n 성별

a 일관된
a 회의적인, 의심하는

a 적대적인, 적군의
n 추적, 추구

a 숨이 멎을 듯한, 놀라운
ad 반대로, 거꾸로 n 역(逆) 또한 같음

4

- **grand** [grænd]
- **ridiculous** [ridíkjələs]

- **possession** [pəzéʃən]
- **hell** [hel]

- **congestion** [kəndʒéstʃən]
- **division** [divíʒən]

- **extent** [ikstént]
- **errand** [érənd]

- **dismay** [disméi]
- **remedy** [rémədi]

집합과 원소

◆ 집합 : 일정한 조건에 적합하고 서로 구별할
수 있는 것 전체

◆ 원(소) : 집합을 이루고 있는 하나하나의 대상

◆ $a \in A$ ⇔a는 집합 A의 원소이다.
⇔a는 집합 A에 속한다.

◆ $a \notin A$ ⇔a는 집합 A의 원소가 아니다.
⇔a는 집합 A에 속하지 않는다.

4

a 웅장한, 장대한
a 터무니없는, 우스꽝스러운

n 소유
n 지옥

n 혼잡, 체증
n 분할, 부서

n 정도, 범위
n 심부름

n 실망 v 실망시키다
n 치료(법) v 치료하다

최초 학습일	. .

SELF-TEST RESULT

1st	2nd	3rd	4th	5th	6th
/30	/30	/30	/30	/30	/30

REVIEW CHECK

MIDDLE PAGE OF THE PREVIOUS						MIDDLE PAGE OF THIS VOLUME					
4	24	39	47			1	3				
○	○	○	○	○	○	○	○	○	○	○	○

5

- **transplant** [trænsplǽnt]
- **intend** [inténd]

- **substitute** [sʌ́bstitjù:t]
- **weep** [wi:p]

- **squeeze** [skwi:z]
- **tilt** [tilt]

- **emit** [imít]
- **educational** [èdʒukéiʃənəl]

- **noticeable** [nóutisəbəl]
- **modest** [mɑ́dist]

- **neutral** [njú:trəl]
- **literal** [lítərəl]

- **reaction** [ri:ǽkʃən]
- **ongoing** [ɔngóuiŋ]

- **counterpart** [káuntərpɑ:rt]
- **dialect** [dáiəlèkt]

- **interval** [íntərvəl]
- **impressive** [imprésiv]

- **constitution** [kɑ̀nstətjú:ʃən]
- **ultimately** [ʌ́ltəmitli]

n 이식 v 이식하다
v 의도하다

n 대체물 v 대체하다
v 울다

v 짜다, 압착하다
v 기울이다 n 기울기

v 방출하다
a 교육적인

a 눈에 띄는, 뚜렷한
a 겸손한, 수수한

a 중립적인, 중간의
a 문자의, 문자 그대로의

n 반응
a 진행 중인, 계속되는

n 상대, 대응물
n 방언

n 간격, 중간 휴식
a 인상적인

n 헌법, 구성
ad 궁극적으로

- ○ **consensus** [kənsénsəs]
- ○ **disgrace** [disgréis]

- ○ **description** [diskrípʃən]
- ○ **destiny** [déstəni]

- ○ **contract** [kántrækt]
- ○ **dispute** [dispjú:t]

- ○ **shift** [ʃift]
- ○ **reform** [rifɔ́:rm]

- ○ **acquisition** [ækwəzíʃən]
- ○ **sneeze** [sni:z]

◆ 원소나열법 :
모든 원소를 { }안에 나열하는 방법

◆ 조건제시법 :
$\{x \mid p(x)\}$와 같이 원소가 갖는 성질을
나타내는 방법

◆ 공집합 :
원소를 하나도 가지지 않는 집합을 말한다.
기호 $\{\ \}= \varnothing$ 로 나타낸다.
⇒ $\{\varnothing\}$는 $\varnothing$ 라는 원소를 하나 가지고
있으므로 공집합이 아니다.

n 합의, 일치된 의견
n 명예 실추 v 명예를 실추시키다

n 묘사
n 운명

n 계약 v 수축하다, 계약하다
n 분쟁 v 논쟁하다

v 바뀌다, 이동하다 n 변화
v 개혁하다 n 개혁

n 획득
v 재채기하다 n 재채기

최초 학습일	.	.

SELF-TEST RESULT

1st	2nd	3rd	4th	5th	6th
/30	/30	/30	/30	/30	/30

REVIEW CHECK

MIDDLE PAGE OF THE PREVIOUS						MIDDLE PAGE OF THIS VOLUME					
5	25	40	48			2	4				
○	○	○	○	○	○	○	○	○	○	○	○

- ⬡ **cooperate** [kouɑ́pərèit]
- ⬡ **kneel** [niːl]

- ⬡ **tremble** [trémbəl]
- ⬡ **pierce** [piərs]

- ⬡ **embarrassment** [imbǽrəsmənt]
- ⬡ **refine** [rifáin]

- ⬡ **dusty** [dʌ́sti]
- ⬡ **spectator** [spékteitər]

- ⬡ **ankle** [ǽŋkl]
- ⬡ **dew** [djuː]

- ⬡ **settlement** [sétlmənt]
- ⬡ **asset** [ǽset]

- ⬡ **artifact** [ɑ́ːrtəfækt]
- ⬡ **circulation** [sə̀ːrkjəléiʃən]

- ⬡ **obedience** [oubíːdiəns]
- ⬡ **geometry** [dʒiːɑ́mətri]

- ⬡ **advent** [trænsléiʃən]
- ⬡ **translation** [spred]

- ⬡ **reception** [risépʃən]
- ⬡ **apology** [əpɑ́lədʒi]

v 협력하다
v 무릎을 꿇다

v 떨다
v 뚫다, 관통하다

n 당황
v 정제하다, 개선하다

a 먼지투성이의
n 관객, 구경꾼

n 발목
n 이슬

n 정착, 합의
n 자산, 자원

n 유물, 인공물
n 순환, 유통

n 순종
n 기하학

n 출현, 도래
n 번역

n 접수, 환영회
n 사과

6

○ **indication** [índikèiʃən]
○ **coincidence** [kouínsədəns]

○ **bias** [báiəs]
○ **audition** [ɔːdíʃən]

○ **expression** [ikspréʃən]
○ **quote** [kwout]

○ **exceed** [iksíːd]
○ **exclude** [iksklúːd]

○ **overhear** [òuvərhíər]
○ **plunge** [plʌndʒ]

◆ 멱집합

집합 A의 모든 부분집합을 원소로 갖는
집합을 집합 A의 멱집합이라 하고 2^A로
나타낸다.
$\Rightarrow A = \{0,\ 1\},$
$\quad 2^A = \{\varnothing,\ \{0\},\ \{1\},\ \{0,\ 1\}\}$

6

n 지시
n 우연의 일치

n 편견 v 편향되게 하다
n 오디션 v 오디션을 보다

n 표현
n 인용구 v 인용하다

v 초과하다, 넘다
v 배제하다, 제외하다

v 우연히 듣다
v 뛰어들다, 급락하다

최초 학습일	. .

SELF-TEST RESULT

1st	2nd	3rd	4th	5th	6th
/30	/30	/30	/30	/30	/30

REVIEW CHECK

MIDDLE PAGE OF THE PREVIOUS						MIDDLE PAGE OF THIS VOLUME					
6	26	41	49			3	5				
○	○	○	○	○	○	○	○	○	○	○	○

- ○ **prevail** [privéil]
- ○ **defensive** [diffénsiv]

- ○ **perish** [périʃ]
- ○ **duplicate** [djú:pləkit]

- ○ **compound** [kámpaund]
- ○ **compound** [kəmpáund]

- ○ **reverse** [rivə́:rs]
- ○ **donation** [dounéiʃən]

- ○ **fake** [feik]
- ○ **alert** [ələ́:rt]

- ○ **extension** [iksténʃən]
- ○ **fragile** [frǽdʒəl]

- ○ **flexible** [fléksəbəl]
- ○ **harmonious** [hɑ:rmóuniəs]

- ○ **habitual** [həbítʃuəl]
- ○ **refugee** [rèfjudʒí:]

- ○ **fountain** [fáuntin]
- ○ **harbor** [hɑ́:rbər]

- ○ **scent** [sent]
- ○ **affair** [əféər]

v 우세하다, 이기다
a 방어적인

v 죽다, 소멸하다
a 이중의 n 복사본 v 복사하다

a 합성의 n 화합물
v 합성하다

v 거꾸로 하다 a 반대의 n 역, 반대
n 기부

a 가짜의 v 위조하다 n 가짜
a 경계하는 v 경고하다 n 경고

n 확장
a 부서지기 쉬운, 약한

a 유연한, 융통성 있는
a 조화로운, 화합하는

a 습관적인, 상습적인
n 난민

n 분수
n 항구

n 향기, 냄새
n 사건, 일

7

○ **justice** [dʒʌ́stis]
○ **publication** [pʌ̀bləkéiʃən]

○ **ambition** [æmbíʃən]
○ **shameful** [ʃéimfəl]

○ **meditation** [mèdətéiʃən]
○ **absence** [ǽbsəns]

○ **information** [ìnfərméiʃən]
○ **cage** [keidʒ]

○ **triumph** [tráiəmf]
○ **foretell** [fɔ:rtél]

부분집합

◆ 임의의 $x \in A$ 에 대하여 $x \in B$ ⇔
A 는 B 의 부분집합 ⇔ $A \subset B$ 또는 $B \supset A$
⇔ A 는 B 에 포함된다.

◆ 상등 : $A \subset B$. $B \subset A$ 이면 $A = B$

◆ $\varnothing \subset \varnothing$, $\varnothing \subset A$, $A \subset A$

◆ $A \subset B$ 이고 $A \neq B$ 이면 A 는 B 의
진부분집합이다.

◆ $A \subset B$ 이고 $B \subset C$ 이면 $A \subset C$

7

n 정의, 공정
n 출판

n 야망, 포부
a 부끄러운

n 명상
n 결석, 부재

a 정보
n 새장 v 가두다

n 승리
v 예언하다, 미리 알리다

최초 학습일	.	.

SELF-TEST RESULT

1st	2nd	3rd	4th	5th	6th
/30	/30	/30	/30	/30	/30

REVIEW CHECK

MIDDLE PAGE OF THE PREVIOUS						MIDDLE PAGE OF THIS VOLUME					
7	27	42	50			4	6				
○	○	○	○	○	○	○	○	○	○	○	○

○ **wind** [wind]
○ **wind** [waind]

○ **grasp** [græsp]
○ **outlaw** [áutlɔ̀:]

○ **graze** [greiz]
○ **splash** [splæʃ]

○ **accomplishment** [əkámpliʃmənt]
○ **instruct** [instrʌ́kt]

○ **inherit** [inhérit]
○ **nourish** [nə́:riʃ]

○ **flourish** [flə́:riʃ]
○ **inquire** [inkwáiər]

○ **distract** [distrǽkt]
○ **wholesale** [hóulsèil]

○ **shallow** [ʃǽlou]
○ **reliable** [riláiəbəl]

○ **dizzy** [dízi]
○ **exposure** [ikspóuʒər]

○ **distinct** [distíŋkt]
○ **drastic** [drǽstik]

8

n 경쟁
a 사나운, 격렬한

n 기계공, 정비사
n 부속품, 액세서리 a 부가적인

n 유통, 통화, 화폐
n 빙산

n 온도계
n 막대기, 지팡이

n 초상화
n 생태학

최초 학습일	. .

SELF-TEST RESULT

1st	2nd	3rd	4th	5th	6th
/30	/30	/30	/30	/30	/30

REVIEW CHECK

MIDDLE PAGE OF THE PREVIOUS	MIDDLE PAGE OF THIS VOLUME
8　28　43	1　5　7
○ ○ ○ ○ ○ ○	○ ○ ○ ○ ○ ○

- **riddle** [rídl]
- **shortcut** [ʃɔ́:rtkʌt]

- **throne** [θroun]
- **tutor** [tjú:tər]

- **draft** [dræft]
- **sweat** [swet]

- **retail** [rí:teil]
- **giggle** [gígəl]

- **cope** [koup]
- **descend** [disénd]

- **derive** [diráiv]
- **recur** [rikə́:r]

- **generalize** [dʒénərəlàiz]
- **foster** [fɔ́(:)stər]

- **damp** [dæmp]
- **vegetarian** [vèdʒətéəriən]

- **cunning** [kʌ́niŋ]
- **disposable** [dispóuzəbəl]

- **beloved** [bilʌ́vd]
- **lunar** [lú:nər]

n 바람
v 감다, 구부리다

v 움켜쥐다, 이해하다 n 이해, 파악
n 범법자 v 불법화하다

v (풀을) 뜯다
v (물을) 튀기다

n 성취, 업적
v 가르치다, 지시하다

v 상속하다, 물려받다
v 영양을 주다, 기르다

v 번창하다, 잘 자라다
v 문의하다, 질문하다

v (마음·주의 등을) 흩뜨리다
n 도매 a 도매의

a 얕은
a 신뢰할 수 있는

a 어지러운
n 노출

a 뚜렷한, 명확한
a 과감한, 극단적인

○ **competition** [kàmpətíʃən]
○ **fierce** [fiərs]

○ **mechanic** [məkǽnik]
○ **accessory** [æksésəri]

○ **currency** [kə́:rənsi]
○ **iceberg** [áisbə:rg]

○ **thermometer** [θərmάmitər]
○ **rod** [rɑd]

○ **portrait** [pɔ́:rtreit]
○ **ecology** [i:kάlədʒi]

부분집합의 개수

◆ 원소의 개수가 n개인 집합에서
① 부분집합의 개수 : 2^n 개
② 진부분집합의 개수 : $2^n - 1$ 개
③ m개의 원소를 포함하는 부분집합의 개수 :
$$2^{n-m}개$$
④ m개의 원소를 포함하고 s개의 원소를
제외하는 부분집합의 개수 : 2^{n-m-s}개

n 수수께끼
n 지름길

n 왕좌
n 개인 교사 v 가르치다

n 도안, 설계 v 도안을 그리다
n 땀 v 땀을 흘리다

n 소매 a 소매의 v 소매로 판매하다
v 킥킥 웃다 n 킥킥 웃음

v 대처하다, 극복하다
v 내려가다, 하강하다

v 유래하다, 끌어내다
v 재발하다, 반복되다

v 일반화하다
v 촉진하다, 양육하다

a 습기찬 n 습기 v 축축하게 하다
n 채식주의자 a 채식의

a 교활한, 영리한
a 처분할 수 있는, 일회용의

a 사랑받는, 소중한
a 달의

○ **arrogant** [ǽrəgənt]
○ **absurd** [əbsə́:rd]

○ **proposal** [prəpóuzəl]
○ **referee** [rèfərí:]

○ **opponent** [əpóunənt]
○ **biography** [baiɑ́grəfi]

○ **bulb** [bʌlb]
○ **attic** [ǽtik]

○ **landfill** [lǽndfil]
○ **mist** [mist]

집합의 연산

◆ 합집합 $A \cup B = \{x \mid x \in A$ 또는 $x \in B\}$

◆ 교집합 $A \cap B = \{x \mid x \in A$ 이고 $x \in B\}$

◆ 차집합 $A - B = \{x \mid x \in A$ 이고 $x \notin B\}$

◆ 여집합 $A^c = \{x \mid x \in U$ 이고 $x \notin A\}$

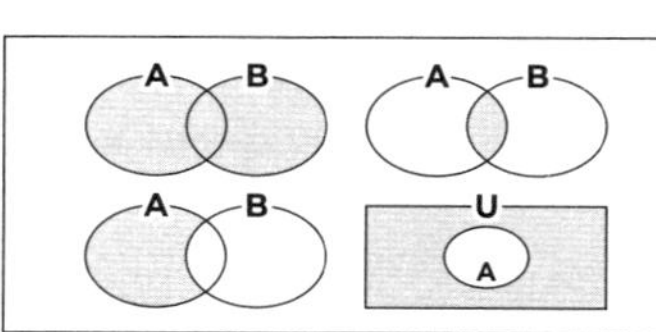

9

a 거만한, 오만한
a 불합리한, 터무니없는

n 신청, 제안
n 심판

n 상대, 적수
n 전기, 생애 이야기

n 전구
n 다락방

n 쓰레기 매립지
n 안개, 연무

최초 학습일	.	.

SELF-TEST RESULT

1st	2nd	3rd	4th	5th	6th
/30	/30	/30	/30	/30	/30

REVIEW CHECK

MIDDLE PAGE OF THE PREVIOUS			MIDDLE PAGE OF THIS VOLUME		
9	29	44	2	6	8
○ ○ ○ ○ ○ ○			○ ○ ○ ○ ○ ○		

- ○ **certificate** [sərtífəkit]
- ○ **flaw** [flɔ:]

- ○ **mischief** [místʃif]
- ○ **paradox** [pǽrədàks]

- ○ **proportion** [prəpɔ́:rʃən]
- ○ **frown** [fraun]

- ○ **decay** [dikéi]
- ○ **disastrous** [dizǽstrəs]

- ○ **spice** [spais]
- ○ **courtesy** [kɔ́:rtəsi]

- ○ **defect** [difékt]
- ○ **explosion** [iksplóuʒən]

- ○ **admission** [ədmíʃən]
- ○ **glow** [glou]

- ○ **compliment** [kámpləmənt]
- ○ **embrace** [embréis]

- ○ **environment** [inváiərənmənt]
- ○ **company** [kámpəni]

- ○ **government** [gávərnmənt]
- ○ **face** [feis]

n 증명서, 자격증
n 결함, 결점

n 장난, 악동짓
n 역설

n 비율, 비례
v 찡그리다 n 찡그림

v 부패하다, 썩다 n 부패
a 재앙적인

n 향신료 v 양념하다
n 예의, 공손함

n 결함
n 폭발

n 입장(허가), 입학, 인정
v 빛나다 n 빛

n 칭찬
v 포옹하다, 받아들이다

n 환경
n 회사, 동료

n 정부
n 얼굴 v 직면하다

○ **race** [reis]
○ **plant** [plænt]

○ **fire** [faiər]
○ **location** [loukéiʃən]

○ **analysis** [ənǽləsis]
○ **stumble** [stʌ́mbəl]

○ **shave** [ʃeiv]
○ **offend** [əfénd]

○ **violate** [váiəlèit]
○ **transmit** [trænsmít]

집합의 연산법칙

◆ 교환법칙
$$A \cup B = B \cup A, \quad A \cap B = B \cap A$$
◆ 결합법칙 $(A \cup B) \cup C = A \cup (B \cup C),$
$$(A \cap B) \cap C = A \cap (B \cap C)$$
◆ 분배법칙
$$A \cup (B \cap C) = (A \cup B) \cap (A \cup C),$$
$$A \cap (B \cup C) = (A \cap B) \cup (A \cap C)$$
◆ 드 모르간의 법칙
$$(A \cup B)^c = A^c \cap B^c, \quad (A \cap B)^c = A^c \cup B^c$$
◆ 흡수법칙
$$A \cup (A \cap B) = A, \quad A \cap (A \cup B) = A$$

10

n 인종, 경주 v 경주하다
n 식물, 공장 v 심다

n 불 v 발사하다, 해고하다
n 위치

n 분석
v 비틀거리다, 실수하다

v 면도하다 n 면도
v 기분을 상하게 하다, 위반하다

v 위반하다, 침해하다
v 전송하다, 전파하다

최초 학습일	.	.

SELF-TEST RESULT

1st	2nd	3rd	4th	5th	6th
/30	/30	/30	/30	/30	/30

REVIEW CHECK

MIDDLE PAGE OF THE PREVIOUS						MIDDLE PAGE OF THIS VOLUME					
10	30	45				3	7	9			
○	○	○	○	○	○	○	○	○	○	○	○

- ○ **priceless** [praislis]
- ○ **marvelous** [mάːrvələs]

- ○ **matter** [mǽtər]
- ○ **state** [steit]

- ○ **attachment** [ətǽtʃmənt]
- ○ **cause** [kɔːz]

- ○ **reason** [ríːzən]
- ○ **concern** [kənsə́ːrn]

- ○ **bear** [bɛər]
- ○ **gamble** [gǽmbəl]

- ○ **confess** [kənfés]
- ○ **inhabit** [inhǽbit]

- ○ **multiply** [mʌ́ltəplài]
- ○ **concentration** [kὰnsəntréiʃən]

- ○ **exaggerate** [igzǽdʒərèit]
- ○ **diminish** [dimíniʃ]

- ○ **discard** [diskάːrd]
- ○ **omit** [oumít]

- ○ **antique** [æntíːk]
- ○ **cosmetic** [kɑzmétik]

a 값을 매길 수 없는, 매우 귀중한
a 놀라운, 훌륭한

n 문제, 물질 v 중요하다
n 국가, 주, 상태 v 진술하다

n 부착, 첨부, 애착
n 원인 v 야기하다

n 이유, 이성 v 추론하다
n 걱정, 관심 v 관련되다, 걱정하다

n 곰 v 참다, 지니다, 낳다
v 도박하다 n 도박

v 고백하다, 자백하다
v 거주하다, 살다

v 늘리다, 곱하다, 증가하다
n 집중, 농축

v 과장하다
v 줄어들다, 감소하다

v 버리다, 폐기하다
v 생략하다, 빠뜨리다

n 골동품 a 고풍의
a 화장용의 n 화장품

○ **stable** [stéibl]
○ **construction** [kənstrʌ́kʃən]

○ **humid** [hjú:mid]
○ **tender** [téndər]

○ **decent** [díːsənt]
○ **rotten** [rɑ́tn]

○ **odd** [ɔd]
○ **swear** [swεər]

○ **prescribe** [priskráib]
○ **conceal** [kənsíːl]

차집합, 여집합의 성질

◆ $A - B = A \cap B^c = A - (A \cap B) = (A \cup B) - B$

◆ $A - B = \varnothing$

$\Leftrightarrow A \subset B \Leftrightarrow A \cap B = A \Leftrightarrow A \cap B^c = \varnothing \Leftrightarrow A \cup B = B$

$\Leftrightarrow B^c \subset A^c \Leftrightarrow A^c \cup B = U \Leftrightarrow B^c \cap A^c = B^c \Leftrightarrow B^c \cup A^c = A^c$

$\Leftrightarrow B^c - A^c = \varnothing$

◆ $A - B = A \Leftrightarrow A \cap B = \varnothing$

◆ $A \cup A^c = U, \ (A^c)^c = A, \ U^c = \varnothing$

a 안정된, 견고한 n 마구간
n 건설, 건조, 건축

a 습한, 습도가 높은
a 부드러운, 연한 ad 다정하게

a 괜찮은, 품위 있는
a 썩은, 부패한

a 이상한, 홀수의
v 맹세하다

v 처방하다, 규정하다
v 숨기다, 감추다

최초 학습일	. .

SELF-TEST RESULT

1st	2nd	3rd	4th	5th	6th
/30	/30	/30	/30	/30	/30

REVIEW CHECK

MIDDLE PAGE OF THE PREVIOUS	MIDDLE PAGE OF THIS VOLUME
11　31　46	4　8　10
○ ○ ○ ○ ○ ○	○ ○ ○ ○ ○ ○

- **discriminate** [diskrímənèit]
- **leftover** [leftóuvər]

- **oval** [óuvəl]
- **inferior** [infíəriər]

- **definite** [défənit]
- **rational** [ræʃənl]

- **pessimistic** [pèsəmístik]
- **disgusting** [disgʌ́stiŋ]

- **striped** [straipt]
- **companion** [kəmpǽnjən]

- **bough** [bau]
- **beverage** [bévəridʒ]

- **cradle** [kréidl]
- **cottage** [kάtidʒ]

- **dormitory** [dɔ́:rmətɔ̀:ri]
- **astronomy** [əstrάnəmi]

- **missile** [mísəl]
- **compensation** [kὰmpənséiʃən]

- **criterion** [kraitíəriən]
- **blunder** [blʌ́ndər]

v 구별하다, 차별하다
a 남은 n 남은 음식

a 타원형의 n 타원형
a 열등한, 하위의

a 확실한, 명확한
a 이성적인, 합리적인

a 비관적인
a 역겨운, 불쾌한

a 줄무늬의
n 동반자, 친구

n 큰 가지
n 음료

n 요람, 아기 침대 v 부드럽게 안다
n 오두막, 시골집

n 기숙사
n 천문학

n 미사일
n 보상, 보수

n 기준, 표준
n 실수 v 실수하다

- ○ **relief** [rilíːf]
- ○ **plantation** [plæntéiʃən]

- ○ **checkup** [tʃekʌp]
- ○ **suspicion** [səspíʃən]

- ○ **bang** [bæŋ]
- ○ **bounce** [bauns]

- ○ **glitter** [glítər]
- ○ **bleach** [bliːtʃ]

- ○ **doze** [douz]
- ○ **prosper** [práspər]

유한집합의 원소의 개수

$$\blacklozenge\, n(A \cup B) = n(A) + n(B) - n(A \cap B)$$
$$= n(U) - n(A^c \cap B^c)$$

$$\blacklozenge\, n(A - B) = n(A \cap B^c)$$
$$= n(A) - n(A \cap B)$$

$$\blacklozenge\, n(A \cup B \cup C) = n(A) + n(B) + n(C)$$
$$- n(A \cap B) - n(B \cap C) - n(C \cap A) + n(A \cap B \cap C)$$

12

n 경감, 구제, 완화
n 농장

n 점검, 건강 검진
n 의심

v 강타하다 n 강타하는 소리
v 튀다 n 튐

v 반짝이다 n 반짝임
v 표백하다 n 표백제

v 졸다 n 졸음
v 번영하다, 성공하다

최초 학습일	.	.

SELF-TEST RESULT

1st	2nd	3rd	4th	5th	6th
/30	/30	/30	/30	/30	/30

REVIEW CHECK

MIDDLE PAGE OF THE PREVIOUS						MIDDLE PAGE OF THIS VOLUME					
12	32	47				5	9	11			
○	○	○	○	○	○	○	○	○	○	○	○

- **comprehend** [kàmprihénd]
- **constitute** [kánstətjù:t]

- **suspend** [səspénd]
- **objective** [əbdʒéktiv]

- **obvious** [ábviəs]
- **abnormal** [æbnɔ́:rməl]

- **expansion** [ikspǽnʃən]
- **awkward** [ɔ́:kwərd]

- **holy** [hóuli]
- **witty** [wíti]

- **bald** [bɔ:ld]
- **secondhand** [sékəndhǽnd]

- **niece** [ni:s]
- **groom** [gru(:)m]

- **casualty** [kǽʒuəlti]
- **beast** [bi:st]

- **tag** [tæg]
- **margin** [má:rdʒin]

- **longevity** [landʒévəti]
- **publicity** [pʌblísəti]

v 이해하다, 파악하다
v 구성하다, 이루다

v 중단하다, 정지하다
a 객관적인 n 목표, 목적

a 명백한, 분명한
a 비정상적인

n 확장
a 어색한, 불편한

a 신성한, 성스러운
a 재치 있는

a 대머리의
a 간접적인, 중고의

n 조카딸
n 신랑

n 사고, 피해자
n 짐승, 야수

n 명찰, 꼬리표, 태그 v 표를 붙이다
n 여백, 수익, 가장자리

n 장수, 지속성
n 홍보, 공표

13

○ **contradiction** [kὰntrədíkʃən]
○ **reference** [réfərəns]

○ **bunch** [bʌntʃ]
○ **peer** [piər]

○ **caution** [kɔ́ːʃən]
○ **revenge** [rivéndʒ]

○ **yawn** [jɔːn]
○ **trim** [trim]

○ **roast** [roust]
○ **devise** [diváiz]

◆ 명제 : 참, 거짓을 판별할 수 있는 문장이나 식

◆ 명제의 부정 :
　명제 p에 대하여 「p가 아니다」를 명제 p의
　부정이라 하며 $\sim p$로 나타낸다.

◆「모든」「어떤」이 들어 있는 명제의 부정
　　① 모든 x $\Rightarrow$ 어떤 x
　　② 어떤 x $\Rightarrow$ 모든 x

13

n 반대, 모순
n 언급, 참고, 추천

n 다발, 묶음
n 동료 v 자세히 들여다보다

n 주의, 조심 v 경고하다
n 복수 v 복수하다

v 하품하다 n 하품
v 다듬다 n 다듬기

v 굽다
v 고안하다, 발명하다

최초 학습일	. .

SELF-TEST RESULT

1st	2nd	3rd	4th	5th	6th
/30	/30	/30	/30	/30	/30

REVIEW CHECK

MIDDLE PAGE OF THE PREVIOUS						MIDDLE PAGE OF THIS VOLUME					
13	33	48				6	10	12			
○	○	○	○	○	○	○	○	○	○	○	○

- ○ **clay** [klei]
- ○ **channel** [tʃǽnl]

- ○ **despair** [dispέər]
- ○ **tragedy** [trǽdʒədi]

- ○ **pose** [pouz]
- ○ **arrest** [ərést]

- ○ **leap** [liːp]
- ○ **slap** [slæp]

- ○ **punish** [pʌ́niʃ]
- ○ **pray** [prei]

- ○ **weaken** [wíːkən]
- ○ **summarize** [sʌ́məràiz]

- ○ **rob** [rɑb]
- ○ **patriot** [péitriət]

- ○ **auditorium** [ɔ̀ːditɔ́ːriəm]
- ○ **succession** [səkséʃən]

- ○ **meadow** [médou]
- ○ **hay** [hei]

- ○ **defense** [diféns]
- ○ **kettle** [kétl]

n 점토
n 채널, 경로 v 전달하다

n 절망 v 절망하다
n 비극

v 포즈(자세)를 취하다 n 자세
v 체포하다 n 체포

v 뛰다 n 도약
v 때리다 n 찰싹 때리기

v 처벌하다
v 기도하다

v 약화시키다, 약해지다
v 요약하다

v 강탈하다
n 애국자

n 강당, 청중석
n 연속

n 초원, 풀밭
n 건초

n 방어
n 주전자

- ○ **vapor** [véipər]
- ○ **racial** [réiʃəl]

- ○ **debris** [dəbríː]
- ○ **enrollment** [enróulmənt]

- ○ **compassion** [kəmpǽʃən]
- ○ **impulse** [ímpʌls]

- ○ **threaten** [θrétn]
- ○ **material** [mətíəriəl]

- ○ **moderation** [màdəréiʃən]
- ○ **bud** [bʌd]

◆ 진리집합 :
전체집합 U에 대하여 조건 $p(x)$를
만족시키는 x의 값 전체의 집합,
즉 $P = \{x \mid p(x)$는 참$\}$를 말한다.

◆ 「$p \Rightarrow q$」 ⇔ 「$P \subset Q$」

◆ 「$\sim p \Rightarrow \sim q$」 ⇔ 「$P^c \subset Q^c$」

14

n 증기, 수증기
a 인종의

n 부스러기, 잔해, 파편
n 등록, 입회

n 연민, 동정심
n 충동, 자극, 추진(력)

v 위협하다
a 물질의, 물질적인 n 재료

n 완화, 절제, 중용
n 싹 v 싹트다

최초 학습일	.	.

SELF-TEST RESULT

1st	2nd	3rd	4th	5th	6th
/30	/30	/30	/30	/30	/30

REVIEW CHECK

MIDDLE PAGE OF THE PREVIOUS	MIDDLE PAGE OF THIS VOLUME
14　34　49	7　11　13
○ ○ ○ ○ ○ ○	○ ○ ○ ○ ○ ○

- ○ **esteem** [istí:m]
- ○ **retreat** [ri:trí:t]

- ○ **tease** [ti:z]
- ○ **swell** [swel]

- ○ **facial** [féiʃəl]
- ○ **statement** [stéitmənt]

- ○ **astonish** [əstániʃ]
- ○ **vomit** [vɔ́mit]

- ○ **bearable** [béərəbəl]
- ○ **confront** [kənfrʌnt]

- ○ **convert** [kənvə́:rt]
- ○ **revise** [riváiz]

- ○ **contend** [kənténd]
- ○ **justify** [dʒʌ́stəfài]

- ○ **radical** [rǽdikəl]
- ○ **bilingual** [bailíŋgwəl]

- ○ **abundant** [əbʌ́ndənt]
- ○ **evident** [évidənt]

- ○ **gorgeous** [gɔ́:rdʒəs]
- ○ **solemn** [sάləm]

n 존경 v 존경하다
n 후퇴 v 후퇴하다

v 괴롭히다, 놀리다 n 놀림
v 부풀다, 팽창시키다 n 부풀기

a 얼굴의
n 진술, 성명

v 놀라게 하다
v 구토하다 n 구토

a 견딜 수 있는
v 직면하다, 맞서다

v 변환하다, 전환하다
v 수정하다, 개정하다

v 경쟁하다, 다투다, 주장하다
v 정당화하다

a 근본적인, 급진적인 n 급진주의자
a 두 언어를 사용하는

a 풍부한, 많은
a 명백한, 분명한

a 아름다운, 화려한
a 엄숙한, 진지한

- ○ **homesick** [houmsik]
- ○ **ironic** [airάnik]

- ○ **thorn** [θɔːrn]
- ○ **banner** [bǽnər]

- ○ **pavement** [péivmənt]
- ○ **response** [rispάns]

- ○ **fiery** [fáiəri]
- ○ **outlook** [áutlùk]

- ○ **conviction** [kənvíkʃən]
- ○ **ignorance** [ígnərəns]

역, 이, 대우

◆ 역, 대우

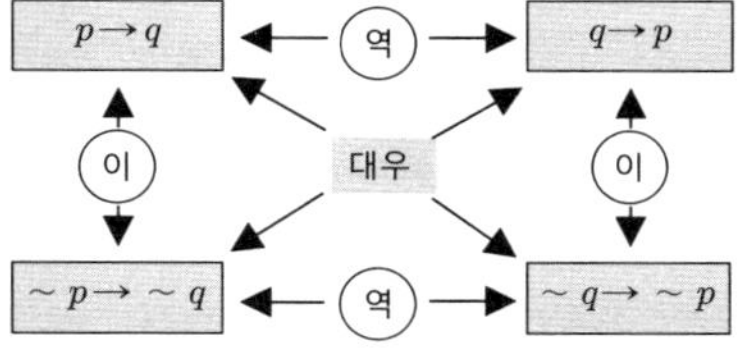

◆ 「$p \rightarrow q$」 ⇔ 「$\sim q \rightarrow \sim p$」
   (명제와 그 대우는 동치이다.)

◆ $p \Rightarrow q$ 이고 $q \Rightarrow r$ 이면 $p \Rightarrow r$
   역, 이 대우 : 삼단논법

15

a 향수병에 걸린
a 아이러니한, 반어적인

n 가시
n 배너, 기, 슬로건

n 포장 도로
n 반응, 응답

a 불의, 불길의, 불같은
n 전망, 예측

n 확신, 신념
n 무지, 무식

최초 학습일	. .

SELF-TEST RESULT

1st	2nd	3rd	4th	5th	6th
/30	/30	/30	/30	/30	/30

REVIEW CHECK

MIDDLE PAGE OF THE PREVIOUS						MIDDLE PAGE OF THIS VOLUME					
15	35	50				8	12	14			
○	○	○	○	○	○	○	○	○	○	○	○

- **bliss** [blis]
- **gratitude** [grǽtətjùːd]

- **boredom** [bɔ́ːrdəm]
- **diabetes** [dàiəbíːtis]

- **foam** [foum]
- **shed** [ʃed]

- **confine** [kənfáin]
- **flutter** [flʌ́tər]

- **notify** [nóutəfài]
- **arouse** [əráuz]

- **dominate** [dάmənèit]
- **impression** [impréʃən]

- **consecutive** [kənsékjətiv]
- **indispensable** [ìndispénsəbəl]

- **dental** [déntl]
- **utter** [ʌ́tər]

- **subordinate** [səbɔ́ːrdənit]
- **subordinate** [səbɔ́ːrdəneit]

- **stink** [stiŋk]
- **anatomy** [ənǽtəmi]

n 행복, 더없는 기쁨
n 감사, 고마움

n 지루함
n 당뇨병

n 거품, 폼
v 흘리다

v 제한하다, 가두다
v 펄럭이다, 흔들리다

v 통지하다, 알리다
v 불러일으키다, 자극하다

v 지배하다, 우세하다
n 인상, 감명

a 연속적인
a 필수적인

a 치아의, 치과의
v 말하다 a 완전한

n 부하 a 종속적인
v 종속시키다

v 악취를 풍기다 n 악취
n 해부학

- ○ **expanse** [ikspǽns]
- ○ **ratio** [réiʃou]

- ○ **collaborate** [kəlǽbərèit]
- ○ **long** [lɔːŋ]

- ○ **bury** [béri]
- ○ **brochure** [brouʃúər]

- ○ **combustion** [kəmbʌ́stʃən]
- ○ **unify** [júːnəfài]

- ○ **govern** [gʌ́vərn]
- ○ **bully** [búli]

필요조건과 충분조건

◆ 조건 p를 만족하는 진리집합을 P
조건 q를 만족하는 진리집합을 Q라 할 때,

① $p \Rightarrow q$일 때, 즉 $P \subset Q$일 때
  - ▶ p는 q이기 위한 충분조건
  - ▶ q는 p이기 위한 필요조건

② $p \Leftrightarrow q$일 때, 즉 $P = Q$일 때
  - ▶ p는 q이기 위한 필요충분조건
  - ▶ q는 p이기 위한 필요충분조건

n 넓은 지역, 확장
n 비율

v 협력하다
v 갈망하다

v 묻다, 매장하다
n 안내 책자, 브로슈어

n 연소
v 통합하다, 통일하다

v 통치하다
n 괴롭히는 사람 v 괴롭히다

최초 학습일	.	.

SELF-TEST RESULT

1st	2nd	3rd	4th	5th	6th
/30	/30	/30	/30	/30	/30

REVIEW CHECK

MIDDLE PAGE OF THE PREVIOUS	MIDDLE PAGE OF THIS VOLUME
16 36	1 9 13 15
○ ○ ○ ○ ○ ○	○ ○ ○ ○ ○ ○

- **gamble** [gǽmbəl]
- **cuisine** [kwizí:n]

- **punishment** [pʌ́niʃmənt]
- **antibiotic** [æ̀ntibaiɑ́tik]

- **landfill** [lǽndfil]
- **companion** [kəmpǽnjən]

- **fuse** [fju:z]
- **accelerate** [æksélərèit]

- **brand-new** [brǽndnju:]
- **clumsy** [klʌ́mzi]

- **chronic** [krɑ́nik]
- **rotten** [rɑ́tn]

- **pregnancy** [prégnənsi]
- **carefree** [kɛərfri:]

- **clash** [klæʃ]
- **blink** [bliŋk]

- **copywriter** [kɑ́piráitər]
- **exclusive** [iksklú:siv]

- **compress** [kəmprés]
- **fist** [fist]

v 도박하다 n 도박
n 요리(법)

n 처벌
n 항생제 a 항생의

n 매립지
n 동료, 친구, 동반자

n 퓨즈, 도화선 v 융합하다
v 가속하다, 촉진하다

a 새것의, 완전히 새로운
a 서투른, 어설픈

a 만성적인
a 썩은, 부패한

n 임신
a 근심 없는, 태평한

v 충돌하다 n 충돌
v 눈을 깜박이다 n 깜박임

n 광고문구 작성자
a 독점적인, 배타적인

v 압축하다
n 주먹

○ **ideology** [àidiɑ́lədʒi]
○ **recreation** [rèkriéiʃən]

○ **hierarchy** [háiərɑ̀ːrki]
○ **eligible** [élidʒəbəl]

○ **assert** [əsə́ːrt]
○ **outfit** [áutfit]

○ **painkiller** [peinkílər]
○ **tidy** [táidi]

○ **aspire** [əspáiər]
○ **conservative** [kənsə́ːrvətiv]

함수

◆ 함수 $f : X \rightarrow Y$에서
① 일대일 대응 : 정의역 X의 임의의 원소
x_1, x_2에 대하여 $x_1 \neq x_2$일 때
$f(x_1) \neq f(x_2)$ 이고 , 치역과 공역이 같은 함수

② 항등함수 : $f : X \rightarrow X,\ f(x) = x$

③ 상수함수 : X의 원소 X_r에 대하여
$$f(x) = c(c는\ 상수)$$

④ 함수의 개수 : $n(X) = a,\ n(Y) = b$일 때,
X에서 Y로의 함수의 개수는 b^a이다.

17

n 이념, 사상
n 오락, 휴양

n 계층, 위계
a 자격이 있는

v 주장하다
n 복장, 장비 v 장비를 갖추다

n 진통제
a 깔끔한 v 정리하다

v 열망하다
a 보수적인 n 보수주의자

최초 학습일	. .

SELF-TEST RESULT

1st	2nd	3rd	4th	5th	6th
/30	/30	/30	/30	/30	/30

REVIEW CHECK

MIDDLE PAGE OF THE PREVIOUS	MIDDLE PAGE OF THIS VOLUME
17　37　○ ○ ○ ○ ○ ○	2　10　14　16　○ ○ ○ ○ ○ ○

- ○ **martial art** [mɑ́:rʃəl ɑːrt]
- ○ **certainty** [sə́:rtənti]

- ○ **baggage** [bǽgidʒ]
- ○ **formation** [fɔːrméiʃən]

- ○ **monologue** [mɑ́nəlɔ̀:g]
- ○ **motive** [móutiv]

- ○ **fabulous** [fǽbjələs]
- ○ **utility** [ju:tíləti]

- ○ **static** [stǽtik]
- ○ **maximum** [mǽksəməm]

- ○ **longing** [lɔ́(:)ŋiŋ]
- ○ **cunning** [kʌ́niŋ]

- ○ **warrior** [wɔ́(:)riər]
- ○ **devastate** [dévəstèit]

- ○ **abbreviate** [əbrí:vièit]
- ○ **prevalent** [prévələnt]

- ○ **equivalent** [ikwívələnt]
- ○ **factual** [fǽktʃuəl]

- ○ **basin** [béisən]
- ○ **insert** [insə́:rt]

n 무술
n 확실성

n 수하물, 짐
n 형성, 구성

n 독백
n 동기, 이유

a 엄청난, 멋진
n 유용성, 공공서비스

a 정적인, 고정된
a 최대의 n 최대치

n 갈망, 동경
a 교활한 n 교활함

n 전사, 용사
v 황폐화하다, 파괴하다

v 축약하다, 단축하다
n 널리 퍼진, 유행하는, 우세한

a 동등한 n 동등물
a 사실의, 사실에 입각한

n 대야, 분지
v 삽입하다

- **persevere** [pə̀:rsəvíər]
- **downfall** [daunfɔ:l]

- **weep** [wi:p]
- **integrate** [íntəgrèit]

- **falsify** [fɔ́:lsəfài]
- **obscure** [əbskjúər]

- **weary** [wíəri]
- **ignorant** [ígnərənt]

- **applicable** [ǽplikəbəl]
- **dentist** [déntist]

합성함수

◆ 함성함수의 성질

$$\Rightarrow (g \circ f)(x) = g(f(x))$$

① $f \circ g \neq g \circ f$

② $(h \circ g) \circ f = h \circ (g \circ f)$

③ $f \circ I = I \circ f = f$ (I는 항등함수)

18

v 인내하다
n 추락, 몰락, 붕괴

v 울다, 눈물을 흘리다
v 통합하다, 융합하다

v 위조하다, 거짓으로 만들다
a 모호한

a 지친 v 지치게 하다
a 무지한

a 적용 가능한
n 치과의사

최초 학습일	.	.

SELF-TEST RESULT

1st	2nd	3rd	4th	5th	6th
/30	/30	/30	/30	/30	/30

REVIEW CHECK

MIDDLE PAGE OF THE PREVIOUS	MIDDLE PAGE OF THIS VOLUME
18 38	3 11 15 17
○ ○ ○ ○ ○ ○	○ ○ ○ ○ ○ ○

- ○ **collaboration** [kəlǽbərèiʃən]
- ○ **real estate** [ríəlistéit]

- ○ **respiration** [rèspəréiʃən]
- ○ **subconscious** [sʌbkάnʃəs]

- ○ **receptive** [riséptiv]
- ○ **disregard** [dìsrigά:rd]

- ○ **disrupt** [disrʌ́pt]
- ○ **excessive** [iksésiv]

- ○ **encompass** [inkʌ́mpəs]
- ○ **disclose** [disklóuz]

- ○ **gross** [grous]
- ○ **constraint** [kənstréint]

- ○ **lottery** [lάtəri]
- ○ **orphan** [ɔ́:rfən]

- ○ **grip** [grip]
- ○ **notorious** [noutɔ́:riəs]

- ○ **harness** [hά:rnis]
- ○ **intolerable** [intάlərəbəl]

- ○ **lump** [lʌmp]
- ○ **discharge** [distʃά:rdʒ]

n 협력, 협업
n 부동산

n 호흡
a 잠재의식의 n 잠재의식

a 받아들이는, 수용적인
v 무시하다 n 무시

v 방해하다, 혼란시키다
a 과도한

v 포함하다, 둘러싸다
v 공개하다, 드러내다

a 총체적인 n 총액
n 제약, 제한

n 복권, 추첨
n 고아

n 손잡이, 쥠
a 악명 높은

n 마구, 하네스 v 이용하다, 장착하다
a 참을 수 없는

n 덩어리
v 짐을 부리다, 내리다, 면제하다

○ **overlap** [òuvərlǽp]
○ **gambler** [gǽmblər]

○ **plunge** [plʌndʒ]
○ **lick** [lik]

○ **circular** [sə́:rkjələr]
○ **linger** [líŋgər]

○ **paw** [pɔ:]
○ **pesticide** [péstəsàid]

○ **porch** [pɔ:rtʃ]
○ **spear** [spiər]

역함수

◆ 역함수를 구하는 요령
① 주어진 함수 $y = f(x)$가 일대일 대응인지
   알아 본다.
② $y = f(x)$를 x에 관하여 풀어
$$x = f^{-1}(y)\text{의 꼴로 고친다.}$$
③ $x = f^{-1}(y)$에서 x와 y를 바꾸어
$$y = f^{-1}(x)\text{로 한다.}$$

◆ 역함수의 성질 ⇒ $f(a) = b \Leftrightarrow f^{-1}(b) = a$
① $(f^{-1})^{-1} = f, \quad (f \circ g)^{-1} = g^{-1} \circ f^{-1}$
② $y = f(x),\ y = f^{-1}(x)$의 그래프는 직선
   $y = x$에 대하여 대칭이다.

19

v 겹치다 n 겹침
n 도박꾼

v 뛰어들다, 급락하다 n 급락
v 핥다 n 핥기

a 원형의
v 오래 머물다

n 발 (동물의)
n 살충제

n 현관, 베란다
n 창 v 창으로 찌르다

최초 학습일	. .

SELF-TEST RESULT

1st	2nd	3rd	4th	5th	6th
/30	/30	/30	/30	/30	/30

REVIEW CHECK

MIDDLE PAGE OF THE PREVIOUS	MIDDLE PAGE OF THIS VOLUME
19 39	4 12 16 18
○ ○ ○ ○ ○ ○	○ ○ ○ ○ ○ ○

○ **magnify** [mǽgnəfài]
○ **mumble** [mʌ́mbəl]

○ **necessitate** [nisésətèit]
○ **oppress** [əprés]

○ **elaborate** [ilǽbərèit]
○ **elaborate** [ilǽbərit]

○ **collaborative** [kəlǽbərèitiv]
○ **faraway** [fɑːrəwéi]

○ **resolve** [rizɑ́lv]
○ **reunite** [rìːjunáit]

○ **glorious** [glɔ́ːriəs]
○ **gracious** [gréiʃəs]

○ **immense** [iméns]
○ **integral** [íntigrəl]

○ **dumb** [dʌm]
○ **sanitation** [sænətéiʃən]

○ **gratitude** [grǽtətjùːd]
○ **scope** [skoup]

○ **shrine** [ʃrain]
○ **sidewalk** [sáidwɔ̀ːk]

v 확대하다, 과장하다
v 중얼거리다 n 중얼거림

v 필요로 하다
v 억압하다

v 정성들여 만들다, 자세히 설명하다
a 공들인, 정교한

a 협력적인
a 멀리 떨어진

v 용해하다, 결심하다, 해결하다
v 재결합하다

a 영광스러운, 멋진
a 우아한, 친절한

a 거대한, 엄청난
a 완전한, 필수적인, 통합된

a 말 못하는, 어리석은
n 위생

n 감사
n 범위, 여지

n 신사, 성지
n 인도

20

- ○ **acceleration** [æksélərèiʃən]
- ○ **rot** [rɑt]

- ○ **sphere** [sfiər]
- ○ **purify** [pjúərəfài]

- ○ **amplify** [æmpləfài]
- ○ **empower** [empáuər]

- ○ **acoustic** [əkú:stik]
- ○ **utilitarian** [ju:tìlətéəriən]

- ○ **slippery** [slípəri]
- ○ **restless** [réstlis]

이차함수

◆ $y = ax^2 (a \neq 0)$ 의 그래프

① 원점을 꼭지점으로 하고 대칭축이 y 축인 포물선이다.

② $a > 0$ 이면 아래로 볼록, $a < 0$ 이면 위로 볼록하다.

20

n 가속, 촉진
v 썩다

n 구, 영역
v 정화하다

v 증폭하다, 확대하다
v 권한을 부여하다, 힘을 주다

a 청각의, 음향의
a 실용적인

a 미끄러운
a 불안한, 끊임없는

최초 학습일	.	.

SELF-TEST RESULT

1st	2nd	3rd	4th	5th	6th
/30	/30	/30	/30	/30	/30

REVIEW CHECK

MIDDLE PAGE OF THE PREVIOUS	MIDDLE PAGE OF THIS VOLUME
20 40	5 13 17 19
○ ○ ○ ○ ○ ○	○ ○ ○ ○ ○ ○

- ⭕ **resolution** [rèzəlúːʃən]
- ⭕ **reunion** [riːjúːnjən]

- ⭕ **integrate** [íntəgrèit]
- ⭕ **sanitary** [sǽnətèri]

- ⭕ **grateful** [gréitfəl]
- ⭕ **spherical** [sférikəl]

- ⭕ **spouse** [spauz]
- ⭕ **cathedral** [kəθíːdrəl]

- ⭕ **dwindle** [dwíndl]
- ⭕ **recur** [rikə́ːr]

- ⭕ **purification** [pjùərəfikéiʃən]
- ⭕ **ensure** [enʃúər]

- ⭕ **motivate** [móutəvèit]
- ⭕ **shiver** [ʃívər]

- ⭕ **regulate** [régjəlèit]
- ⭕ **sacred** [séikrid]

- ⭕ **subsequent** [sʌ́bsikwənt]
- ⭕ **straightforward** [strèitfɔ́ːrwərd]

- ⭕ **uphill** [ʌ́phìl]
- ⭕ **upright** [ʌ́pràit]

n 결의, 해결
n 재결합, 동창회

v 통합하다
a 위생의

a 감사하는
a 구형의

n 배우자
n 대성당

v 줄어들다
v 되풀이되다

n 정화
v 보장하다

v 동기를 부여하다
v 떨다

v 규제하다, 조절하다
a 신성한

a 이후의, 계속해서 일어나는
a 솔직한, 간단한

a 오르막의
a 똑바른 ad 똑바로

- ○ **vice** [vais]
- ○ **witch** [witʃ]

- ○ **stereotype** [stériətàip]
- ○ **legislate** [lédʒislèit]

- ○ **syndrome** [síndroum]
- ○ **textile** [tékstail]

- ○ **firework** [faiərwə:rk]
- ○ **transition** [trænzíʃən]

- ○ **burial** [bériəl]
- ○ **amplification** [æmpləfikéiʃən]

이차함수

◆ $y = a(x-m)^2 + n\,(a \neq 0)$의 그래프

① $y = ax^2$의 그래프를 x축의 방향으로
m, y축의 방향으로 n만큼 평행이동한 것이다.

② 꼭지점의 좌표는 $(m,\ n)$, 대칭축은
$x = m$ 이다.

21

n 악덕
n 마녀

n 고정관념
v 입법하다

n 증후군
n 직물

n 불꽃놀이
n 변이, 전환

n 매장, 장례
n 증폭

최초 학습일   .   .

SELF-TEST RESULT

1st	2nd	3rd	4th	5th	6th
/30	/30	/30	/30	/30	/30

REVIEW CHECK

MIDDLE PAGE OF THE PREVIOUS						MIDDLE PAGE OF THIS VOLUME					
21	41					6	14	18	20		
○	○	○	○	○	○	○	○	○	○	○	○

- ⭕ **unification** [jùːnəfikéiʃən]
- ⭕ **integrity** [intégrəti]

- ⭕ **recurrence** [rikə́ːrəns]
- ⭕ **breakthrough** [bréikθrùː]

- ⭕ **troop** [truːp]
- ⭕ **primate** [práimit]

- ⭕ **rebel** [rébəl]
- ⭕ **rebel** [ribél]

- ⭕ **spiral** [spáiərəl]
- ⭕ **toll** [toul]

- ⭕ **dash** [dæʃ]
- ⭕ **sip** [sip]

- ⭕ **sprint** [sprint]
- ⭕ **sprout** [spraut]

- ⭕ **expansive** [ikspǽnsiv]
- ⭕ **falter** [fɔ́ːltər]

- ⭕ **simulate** [símjəlèit]
- ⭕ **skid** [skid]

- ⭕ **conspiracy** [kənspírəsi]
- ⭕ **skim** [skim]

n 통일, 단일화, 통합
n 성실, 완전무결

n 재발
n 돌파구, 획기적인 발견

n 군대, 무리
n 영장류

n 반역자
v 배반하다, 반항하다

a 나선(나사) 모양의
n 통행료

v 돌진하다 n 돌진, 대시
v 홀짝이다 n 한 모금

v 전력 질주하다
v 싹트다 n 새싹

a 넓은, 확장적인
v 비틀거리다, 주저하다

v 모의하다, 흉내 내다
v 미끄러지다 n 미끄러짐

n 음모, 모반
v 훑어보다

○ **anatomical** [æ̀nətɑ́mikəl]
○ **regulation** [rèɡjəléiʃən]

○ **surrender** [səréndər]
○ **widespread** [wáidspréd]

○ **earnest** [ə́ːrnist]
○ **ultraviolet** [ʌ̀ltrəváiəlit]

○ **fruitful** [frúːtfəl]
○ **legislation** [lèdʒisléiʃən]

○ **witchcraft** [witʃkræft]
○ **vicious** [víʃəs]

이차함수의 최대, 최소

◆ 이차함수

$y = a(x - m)^2 + n(\alpha \leq x \leq \beta)$에 대하여

① $\alpha \leq m \leq \beta$일 때
$a > 0$이면 $x = m$에서 최소이고
$f(\alpha),\ f(\beta)$중 큰 쪽이 최대값이다.

② $m < \alpha$ or $m > \beta$일 때
$f(\alpha),\ f(\beta)$중 큰 쪽이 최대값이고, 작은
쪽이 최소값이다.

a 해부학의
n 규제, 조절

v 항복하다 n 항복
a 널리 퍼진

a 진지한
a 자외선의

a 결실을 맺는, 유익한
n 입법, 법률제정

n 마술
a 사악한

최초 학습일	. .

SELF-TEST RESULT

1st	2nd	3rd	4th	5th	6th
/30	/30	/30	/30	/30	/30

REVIEW CHECK

MIDDLE PAGE OF THE PREVIOUS						MIDDLE PAGE OF THIS VOLUME				
22	42					7	15	19	21	
○	○	○	○	○	○	○	○	○	○	○

- ○ **transitional** [trænzíʃənəl]
- ○ **sprinter** [sprintər]

- ○ **worthy** [wə́:rði]
- ○ **carton** [kɑ́:rtən]

- ○ **ally** [əlái]
- ○ **sibling** [síbliŋ]

- ○ **amateur** [ǽmətʃùər]
- ○ **banner** [bǽnər]

- ○ **recurrent** [riká:rənt]
- ○ **rebellion** [ribéljən]

- ○ **aquarium** [əkwéəriəm]
- ○ **anonymity** [ænəníməti]

- ○ **metabolism** [mətǽbəlìzəm]
- ○ **barter** [bɑ́:rtər]

- ○ **anthropology** [ænθrəpɑ́lədʒ]
- ○ **pollen** [pɑ́lən]

- ○ **combustible** [kəmbʌ́stəbəl]
- ○ **intricate** [íntrəkit]

- ○ **mold** [mould]
- ○ **mandatory** [mǽndətɔ̀:ri]

a 전환의, 과도적인
n 단거리 주자

a 가치 있는
n 상자

n 동맹국, 동료 v 동맹하다
n 형제자매

n 아마추어 a 아마추어의
n 현수막, 깃발

a 되풀이되는
n 모반, 반란

n 수족관
n 익명

n 신진대사
v 물물교환하다 n 물물교환

n 인류학
n 꽃가루

a 가연성의
a 복잡한, 정교한

n 곰팡이, 틀, 금형 v 주조하다
a 강제적인, 의무적인, 필수의

○ **equivalence** [ikwívələns]
○ **regulatory** [régjələtɔ̀:ri]

○ **reign** [rein]
○ **twinkle** [twíŋkəl]

○ **accelerator** [æksélərèitər]
○ **utilize** [jú:təlàiz]

○ **undertake** [ʌndərtéik]
○ **simulation** [símjəlèiʃən]

○ **legislative** [lédʒislèitiv]
○ **perseverance** [pà:rsəví:rəns]

이차함수의 그래프와 직선 사이의 관계

◆ 이차방정식 $ax^2 + bx + c = 0$의

판별식이 $D = b^2 - 4ac$일 때,

$y = ax^2 + bx + c$의 그래프는

① $D > 0$이면 x축과 서로 다른 두 점에서 만난다.

② $D = 0$이면 x축과 한 점에서 만난다. (접한다)

③ $D < 0$이면 x축과 만나지 않는다.

23

n 동등함
a 규제하는, 조절하는

v 통치하다 n 통치
v 반짝이다 n 반짝임

n 가속기
v 이용하다

v 착수하다, 맡다
n 모의 실험[훈련]

a 입법의
n 인내, 끈기

최초 학습일	.　　　　.

SELF-TEST RESULT

1st	2nd	3rd	4th	5th	6th
/30	/30	/30	/30	/30	/30

REVIEW CHECK

MIDDLE PAGE OF THE PREVIOUS	MIDDLE PAGE OF THIS VOLUME
23　43　○ ○ ○ ○ ○ ○	8　16　20　22　○ ○ ○ ○ ○ ○

- ○ **exclusion** [iksklú:ʒən]
- ○ **rebellious** [ribéljəs]

- ○ **anonymous** [ənánəməs]
- ○ **metabolic** [mètəbálik]

- ○ **anthropologist** [æ̀nθrəpálədʒist]
- ○ **cultivate** [kʌ́ltəvèit]

- ○ **anchor** [ǽŋkər]
- ○ **utilization** [ju:təlàizéiʃən]

- ○ **browse** [brauz]
- ○ **vibrate** [váibreit]

- ○ **aspiration** [æ̀spəréiʃən]
- ○ **abound** [əbáund]

- ○ **aerial** [έəriəl]
- ○ **exclusively** [iksklú:sivli]

- ○ **acquainted** [əkwéintid]
- ○ **aggressive** [əgrésiv]

- ○ **fusion** [fjú:ʒən]
- ○ **absent-minded** [ǽbsənt-maindid]

- ○ **optimal** [áptəməl]
- ○ **aristocracy** [æ̀rəstákrəsi]

n 배제, 제외
a 반역하는, 반항적인

a 익명의
a 신진대사와 관련된

n 인류학자
v 경작하다, 기르다

n 닻 v 고정시키다
n 이용

v 둘러보다 n 둘러봄
v 진동하다

n 열망
v 풍부하다

a 공중의 n 안테나
ad 독점적으로

a 아는, 친숙한
a 공격적인

n 융합, 용해
a 멍한, 산만한

a 최적의
n 귀족정치

- **credible** [krédəbəl]
- **axis** [ǽksis]

- **assertion** [əsə́:rʃən]
- **barbarism** [bɑ́:rbərìzəm]

- **copyright** [kɑ́pirait]
- **intake** [intéik]

- **lost and found** [lɔstənfaund]
- **disruption** [disrʌ́pʃən]

- **allied** [əláid]
- **cavity** [kǽvəti]

이차함수의 그래프와 직선 사이의 관계

◆ 포물선 $y = ax^2 + bx + c$와
  직선 $y = mx + n$을 연립할 때

① $D > 0$이면 서로 다른 두 점에서 만난다.

② $D = 0$이면 한 점에서 만난다. (접한다)

③ $D < 0$이면 만나지 않는다.

a 신뢰할 만한
n 축, 중심선

n 주장, 단언
n 야만, 잔혹함

n 저작권 v 저작권을 등록하다
n 섭취, 흡입

n 분실물 보관소
n 방해, 혼란

a 동맹한
n 구멍, 충치

최초 학습일	. .

SELF-TEST RESULT

1st	2nd	3rd	4th	5th	6th
/30	/30	/30	/30	/30	/30

REVIEW CHECK

MIDDLE PAGE OF THE PREVIOUS						MIDDLE PAGE OF THIS VOLUME					
24	44					9	17	21	23		
○	○	○	○	○	○	○	○	○	○	○	○

- ○ **anchored** [ǽŋkərd]
- ○ **browser** [brauzər]

- ○ **vibration** [vaibréiʃən]
- ○ **abundance** [əbʌ́ndəns]

- ○ **acquaintance** [əkwéintəns]
- ○ **aggression** [əgréʃən]

- ○ **optimize** [ɑ́ptəmàiz]
- ○ **aristocrat** [ərístəkræt]

- ○ **credibility** [kredəbíləti]
- ○ **downtown** [dauntaun]

- ○ **axial** [ǽksiəl]
- ○ **barbaric** [bɑ:rbǽrik]

- ○ **attic** [ǽtik]
- ○ **entry** [éntri]

- ○ **magnitude** [mǽgnətjù:d]
- ○ **empathy** [émpəθi]

- ○ **underlie** [ʌ́ndəlai]
- ○ **activate** [ǽktəvèit]

- ○ **afflict** [əflíkt]
- ○ **assimilate** [əsíməlèit]

a 고정된
n 브라우저

n 진동
n 풍부함

n 지인
n 공격

v 최적화하다
n 귀족

n 신뢰성
n 도심 a 도심의

a 축의
a 야만적인

n 다락방
n 입장, 참가

n 크기, 중요성
n 공감

v 기초를 이루다, 근거가 되다
v 활성화하다

v 괴롭히다, 고통을 주다
v 동화하다, 흡수하다

25

- ○ **confess** [kənfés]
- ○ **evergreen** [évərgri:n]

- ○ **humanitarian** [hju:mæ̀nətέəriən]
- ○ **supreme** [səprí:m]

- ○ **respire** [rispáiər]
- ○ **barren** [bǽrən]

- ○ **invariable** [invέəriəbəl]
- ○ **extrinsic** [ekstrínsik]

- ○ **comprehensive** [kàmprihénsiv]
- ○ **civilian** [sivíljən]

이차방정식의 근의 분리

◆ 방정식 $ax^2 + bx + c = 0\,(a > 0)$에 대하여
$f(x) = ax^2 + bx + c, \ D = b^2 - 4ac$라 하면

① 두 근이 모두 p보다 클 조건은 ⇒

$$D \geqq 0, \ f(p) > 0, \ p < -\frac{b}{2a}$$

② 두 근이 모두 $p, \ q\,(p < q)$ 사이에 있을
조건은 ⇒

$$D \geqq 0, \ f(p) > 0, \ f(q) > 0, \ p < -\frac{b}{2a} < q$$

③ 두 근 사이에 p가 있을 조건은 ⇒ $f(p) < 0$

v 고백하다, 자백하다
a 상록의 n 상록수

a 인도적인 n 인도주의자
a 최고의, 최상의

v 호흡하다
a 메마른, 불모의

a 불변의
a 외적인

a 포괄적인, 이해력이 있는
n 민간인 a 민간의

최초 학습일	.	.

SELF-TEST RESULT

1st	2nd	3rd	4th	5th	6th
/30	/30	/30	/30	/30	/30

REVIEW CHECK

MIDDLE PAGE OF THE PREVIOUS	MIDDLE PAGE OF THIS VOLUME
25　45	10　18　22　24
○ ○ ○ ○ ○ ○ ○	○ ○ ○ ○ ○ ○

- **compression** [kəmpréʃən]
- **aristocratic** [ərìstəkrǽtik]

- **magnify** [mǽgnəfài]
- **empathetic** [èmpəθétik]

- **activation** [æktəvéiʃən]
- **affliction** [əflíkʃən]

- **assimilation** [əsiməléiʃən]
- **confession** [kənféʃən]

- **clatter** [klǽtər]
- **deem** [di:m]

- **counteract** [kauntərǽkt]
- **majesty** [mǽdʒisti]

- **commonplace** [kɑ́mənplèis]
- **compact** [kəmpǽkt]

- **supremacy** [səpréməsi]
- **invariably** [invέəriəbli]

- **comprehension** [kàmprihénʃən]
- **casualty** [kǽʒuəlti]

- **creek** [kri:k]
- **diameter** [daiǽmitər]

n 압축
a 귀족적인

v 확대하다
a 공감하는

n 활성화
n 고통

n 동화 (同化)
n 고백, 자백

v 덜컹거리다 n 덜컹거리는 소리
v 여기다, 판단하다

v 대응하다, 중화하다
n 위엄, 권위

a 평범한 n 평범한 일
a 조밀한 v 압축하다 n 소형

n 최고, 최상위
ad 변함없이

n 이해
n 사상자

n 개울
n 지름

- ○ **coward** [káuərd]
- ○ **diploma** [diplóumə]

- ○ **couch** [kautʃ]
- ○ **dictator** [díkteitər]

- ○ **feast** [fi:st]
- ○ **curse** [kə:rs]

- ○ **delegate** [déligit]
- ○ **delegate** [déligèit]

- ○ **paddle** [pǽdl]
- ○ **quest** [kwest]

이차함수의 값의 양, 음

◆ 이차함수 $f(x) = ax^2 + bx + c$에서
이차방정식 $ax^2 + bx + c = 0$의 판별식을
D라 하면

① 모든 실수 x에 대하여
$$f(x) > 0 \Leftrightarrow a > 0, \ D < 0$$

② 모든 실수 x에 대하여
$$f(x) \geqq 0 \Leftrightarrow a > 0, \ D \leqq 0$$

③ 모든 실수 x에 대하여
$$f(x) < 0 \Leftrightarrow a < 0, \ D < 0$$

④ 모든 실수 x에 대하여
$$f(x) \leqq 0 \Leftrightarrow a < 0, \ D \leqq 0$$

⑤ 모든 실수 x에 대하여
$ax^2 + bx + c > 0$일 조건은
$(a > 0, \ D < 0)$ 또는 $(a = 0, \ b = 0 \ c > 0)$

n 겁쟁이
n 졸업장

n 소파 v 누이다
n 독재자

n 잔치 v 잔치를 벌이다
n 저주 v 저주하다

n 대표자
v 대리로 보내다, 위임하다

n 노 v 노를 젓다
n 탐구, 추구

최초 학습일	.	.

SELF-TEST RESULT

1st	2nd	3rd	4th	5th	6th
/30	/30	/30	/30	/30	/30

REVIEW CHECK

MIDDLE PAGE OF THE PREVIOUS	MIDDLE PAGE OF THIS VOLUME
26　46	11　19　23　25
○ ○ ○ ○ ○ ○	○ ○ ○ ○ ○ ○

- ○ **compaction** [kəmpǽkʃən]
- ○ **cowardly** [káuərdli]

- ○ **stride** [straid]
- ○ **disclosure** [disklóuʒər]

- ○ **endeavor** [indévər]
- ○ **assertive** [əsə́:rtiv]

- ○ **compel** [kəmpél]
- ○ **disruptive** [disrʌ́ptiv]

- ○ **comprise** [kəmpráiz]
- ○ **conform** [kənfɔ́:rm]

- ○ **allocate** [ǽləkèit]
- ○ **elevate** [éləvèit]

- ○ **reception** [risépʃən]
- ○ **explicit** [iksplísit]

- ○ **brutal** [brú:tl]
- ○ **contagious** [kəntéidʒəs]

- ○ **discrete** [diskrí:t]
- ○ **divine** [diváin]

- ○ **durable** [djúərəbəl]
- ○ **oppression** [əpréʃən]

n 압축
a 겁 많은

v 성큼 걷다 n 큰 걸음
n 공개

n 노력 v 노력하다
a 단호한, 단언적인

v 강요하다
a 방해하는

v 포함하다, 구성하다
v 따르다, 순응하다

v 할당하다
v 높이다, 승진시키다

n 수용, 환영
a 명백한

a 잔인한
a 전염성의

a 개별적인
a 신의, 신성한

a 내구성 있는
n 억압

- ⭘ **dictatorship** [díkteitərʃip]
- ⭘ **appetite** [ǽpitàit]

- ⭘ **delegation** [dèligéiʃən]
- ⭘ **fabric** [fǽbrik]

- ⭘ **foe** [fou]
- ⭘ **respiratory** [réspərətɔ̀ːri]

- ⭘ **fragment** [frǽgmənt]
- ⭘ **geology** [dʒiːάlədʒi]

- ⭘ **gravel** [grǽvəl]
- ⭘ **hemisphere** [hémisfiər]

삼차함수

◆ $y = a(x - p)^3 + q$의 그래프

① $y = ax^3$의 그래프를 x축, y축 방향으로
　　각각 p, q만큼 평행이동한 것이다.

② $a > 0$일 때 x가 증가하면 y도 증가하고,
　　$a < 0$일 때 x가 증가하면 y는 감소한다.

27

n 독재정치
n 식욕, 욕망

n 대표단, 위임
n 직물, 구조

n 적
a 호흡의

n 조각, 파편 v 조각나다
n 지질학

n 자갈
n 반구

최초 학습일	. .

SELF-TEST RESULT

1st	2nd	3rd	4th	5th	6th
/30	/30	/30	/30	/30	/30

REVIEW CHECK

MIDDLE PAGE OF THE PREVIOUS						MIDDLE PAGE OF THIS VOLUME					
27	47					12	20	24	26		
○	○	○	○	○	○	○	○	○	○	○	○

- ○ **compelling** [kəmpéliŋ]
- ○ **conformity** [kənfɔ́:rməti]

- ○ **excess** [iksés]
- ○ **crave** [kreiv]

- ○ **allocation** [æləkéiʃən]
- ○ **rejoice** [ridʒɔ́is]

- ○ **brutality** [bru:tǽləti]
- ○ **contagion** [kəntéidʒən]

- ○ **lighting** [láitiŋ]
- ○ **magnification** [mægnəfikéiʃən]

- ○ **constrain** [kənstréin]
- ○ **equilibrium** [ì:kwəlíbriəm]

- ○ **embassy** [émbəsi]
- ○ **flee** [fli:]

- ○ **deceive** [disí:v]
- ○ **deplete** [diplí:t]

- ○ **devour** [diváuər]
- ○ **enclose** [enklóuz]

- ○ **enlarge** [enlɑ́:rdʒ]
- ○ **entitle** [entáitl]

a 강제적인, 강력한
n 순응

n 초과
v 갈망하다

n 할당
v 기뻐하다

n 잔인함
n 전염

n 조명
n 확대

v 강제하다, 강요하다, 구속하다
n 평형상태, 균형

n 대사관
v 도망치다

v 속이다
v 고갈시키다

v 게걸스럽게 먹다
v 둘러싸다, 동봉하다

v 확대하다
v 자격을 주다, 제목을 붙이다

○ **appetizing** [ǽpitàiziŋ]
○ **divinity** [divínəti]

○ **escort** [éskɔ:rt]
○ **epic** [épik]

○ **submarine** [sʌ́bmərì:n]
○ **sole** [soul]

○ **elastic** [ilǽstik]
○ **oppressive** [əprésiv]

○ **geologist** [dʒì:ɑ́lədʒist]
○ **hemispherical** [hèmisférikəl]

◆ 함수 $y = f(x)$ 에 대하여

① 우함수 : $f(x) = f(-x)$ ⇔ y축 대칭
⇔ 짝수차 함수

② 기함수 : $f(x) = -f(-x)$ ⇔ 원점 대칭
⇔ 홀수 함수

28

a 식욕을 돋우는
n 신성, 신격

n 호위자 v 호위하다
n 서사시

n 잠수함 a 해저의
a 유일한

a 탄력 있는 n 고무줄
a 억압적인

n 지질학자
a 반구형의

최초 학습일	· ·

SELF-TEST RESULT

1st	2nd	3rd	4th	5th	6th
/30	/30	/30	/30	/30	/30

REVIEW CHECK

MIDDLE PAGE OF THE PREVIOUS	MIDDLE PAGE OF THIS VOLUME
28 48	13 21 25 27
○ ○ ○ ○ ○ ○	○ ○ ○ ○ ○ ○

- **indispensability** [ìndispénsəbíləti]
- **joint** [dʒɔint]

- **constraint** [kənstréint]
- **deception** [disépʃən]

- **persist** [pə:rsíst]
- **improvise** [ímprəvàiz]

- **elegant** [éləgənt]
- **easy-going** [í:zigóuiŋ]

- **energetic** [ènərdʒétik]
- **feminine** [fémənin]

- **equilibrate** [i:kwíləbrèit]
- **prophecy** [prɑ́fəsi]

- **fright** [frait]
- **nightmare** [náitmὲər]

- **funeral** [fjú:nərəl]
- **workload** [wə:rkloud]

- **intermission** [ìntərmíʃən]
- **intuition** [ìntjuíʃən]

- **latitude** [lǽtətjù:d]
- **enclosure** [enklóuʒər]

n 필수성
n 관절, 연결 a 공동의

n 강제, 압박
n 속임수

v 지속하다, 고집하다
v 즉흥적으로 하다

a 우아한
a 느긋한

a 활기찬
a 여성적인

v 균형잡히게 하다
n 예언

n 공포, 놀람
n 악몽

n 장례식
n 업무량

n 휴식 시간, 중간 휴식
n 직관

n 위도
n 둘러쌈

- ○ **craving** [kréiviŋ]
- ○ **geological** [dʒì:əlɑ́dʒikəl]

- ○ **slavery** [sléivəri]
- ○ **hierarchical** [hàiərɑ́:rkikəl]

- ○ **index** [índeks]
- ○ **lease** [li:s]

- ○ **glimpse** [glimps]
- ○ **combat** [kɑ́mbæt]

- ○ **elasticity** [ilæ̀stísəti]
- ○ **solely** [sóulli]

절대값 그래프

$y = f(|x|)$	$|y| = f(x)$
$x \geqq 0$인 그래프를 y축 대칭	$y \geqq 0$인 그래프를 x축 대칭
예) $y = |x| - 1$	예) $|y| = x - 1$

29

n 갈망 a 갈망하는
a 지질학적인

n 노예제도
a 계층적인

n 색인 v 색인을 만들다
n 임대 계약 v 임대하다

n 흘끗 봄 v 흘끗 보다
n 전투 v 싸우다

n 탄력
ad 오로지

최초 학습일	.	.

SELF-TEST RESULT

1st	2nd	3rd	4th	5th	6th
/30	/30	/30	/30	/30	/30

REVIEW CHECK

MIDDLE PAGE OF THE PREVIOUS						MIDDLE PAGE OF THIS VOLUME					
29	49					14	22	26	28		
○	○	○	○	○	○	○	○	○	○	○	○

- ○ **prophesy** [prɑ́fəsài]
- ○ **necessity** [nisésəti]

- ○ **boom** [bu:m]
- ○ **flap** [flæp]

- ○ **lodge** [lɑdʒ]
- ○ **execute** [éksikjù:t]

- ○ **exhale** [igzéil]
- ○ **femininity** [fèmənínəti]

- ○ **expel** [ikspél]
- ○ **pierce** [piərs]

- ○ **deceptive** [diséptiv]
- ○ **extinguish** [ikstíŋgwiʃ]

- ○ **flip** [flip]
- ○ **glide** [glaid]

- ○ **spatial** [spéiʃəl]
- ○ **misconceive** [miskənsí:v]

- ○ **persistence** [pə:rsístəns]
- ○ **decency** [dí:snsi]

- ○ **haul** [hɔ:l]
- ○ **honorable** [ɑ́nərəbəl]

v 예언하다
n 필요, 필요성

n 호황, 쾅 소리
v 펄럭이다 n 펄럭임

n 오두막 v 숙박하다
v 실행하다, 처형하다

v 숨을 내쉬다
n 여성스러움

v 추방하다, 배출하다
v 뚫다, 찌르다

a 속이는
v 끄다, 소멸시키다

v 뒤집다 n 뒤집기
v 미끄러지다 n 활공

a 공간의
v 오해하다

n 지속
n 품위

v 끌다 n 운반
a 명예로운

- ○ **elegance** [éligəns]
- ○ **combatant** [kəmbǽtənt]

- ○ **literate** [lítərit]
- ○ **impersonal** [impə́:rsənəl]

- ○ **outbreak** [áutbrèik]
- ○ **lure** [luər]

- ○ **marble** [mɑ́:rbəl]
- ○ **lining** [láiniŋ]

- ○ **intuitive** [intjú:itiv]
- ○ **frighten** [fráitn]

절대값 그래프

$\lvert y \rvert = f(\lvert x \rvert)$	$y = \lvert f(x) \rvert$
$x \geq 0,\ y \geq 0$인 그래프를 x축, y축, 원점 대칭	$y = f(x)$ 그래프의 x축 아래부분을 접어 올린다.
예) $\lvert y \rvert = \lvert x \rvert - 1$	예) $y = \lvert x - 1 \rvert$

30

n 우아함
n 전투원

a 읽고 쓸 줄 아는
a 비인격적인

n 발발, 창궐
n 유혹물 v 유인하다, 유혹하다

n 대리석, 구슬
n 안감, 내면

a 직관적인
v 놀라게 하다

최초 학습일	.	.

SELF-TEST RESULT

1st	2nd	3rd	4th	5th	6th
/30	/30	/30	/30	/30	/30

REVIEW CHECK

MIDDLE PAGE OF THE PREVIOUS						MIDDLE PAGE OF THIS VOLUME			
30	50					15	23	27	29
○	○	○	○	○	○	○	○	○	○

- ○ **execution** [èksikjú:ʃən]
- ○ **exhalation** [èkshəléiʃən]

- ○ **expulsion** [ikspʌ́lʃən]
- ○ **imagery** [ímidʒəri]

- ○ **misconception** [miskənsépʃən]
- ○ **nostalgia** [nɑstǽldʒiə]

- ○ **prophetic** [prəfétik]
- ○ **lodging** [lɑ́dʒiŋ]

- ○ **moderate** [mɑ́dərət]
- ○ **moderate** [mɑ́dərèit]

- ○ **germ** [dʒə:rm]
- ○ **notoriety** [nòutəráiəti]

- ○ **fur** [fə:r]
- ○ **prestige** [prestí:dʒ]

- ○ **surplus** [sə́:rplʌs]
- ○ **illuminate** [ilú:mənèit]

- ○ **impair** [impéər]
- ○ **initiate** [iníʃièit]

- ○ **hollow** [hɑ́lou]
- ○ **persistent** [pə:rsístənt]

n 실행, 처형
n 날숨

n 추방
n 이미지, 비유적 표현

n 오해
n 향수(고향)

a 예언적인
n 숙소, 숙박

a 적당한, 절제하는
v 절제하다

n 미생물, 병원균, 세균
n 악명

n 모피
n 명성

n 잉여 a 잉여의
v 조명하다, 밝게 비추다, 설명하다

v 손상시키다
v 시작하다, 입문시키다

a 속이 빈 n 구멍
a 지속적인

- ○ **extinguisher** [ikstíŋgwiʃəːr]
- ○ **literacy** [lítərəsi]

- ○ **sermon** [sə́ːrmən]
- ○ **arithmetic** [əríθmətik]

- ○ **insulate** [ínsəlèit]
- ○ **liberate** [líbərèit]

- ○ **abolish** [əbάliʃ]
- ○ **affordable** [əfɔ́ːrdəbl]

- ○ **scan** [skæn]
- ○ **knit** [nit]

유리함수

◆ $y = \dfrac{k}{x-p} + q\,(k \neq 0)$의 그래프

① 정의역은 $R-\{p\}$, 치역은 $R-\{q\}$ 이다.

② 점근선은 $x=p,\ y=q$

③ 점 $(p,\ q)$에 대하여 대칭이다.

④ $y = \dfrac{k}{x}$ 의 그래프를 $x,\ y$축의 방향으로 각각
   $p,\ q$만큼 평행이동한 것이다.

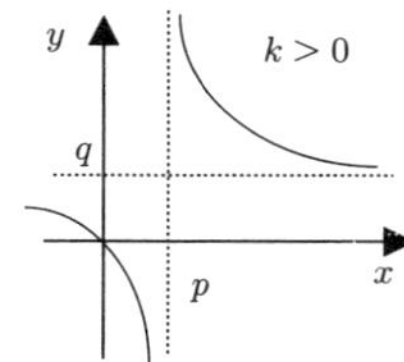

31

n 소화기
n 문해 (읽고 쓸줄 앎)

n 설교
n 산수

v 단열하다, 격리하다
v 해방하다

v 폐지하다
a 저렴한

v 훑어보다, 스캔하다 n 스캔
v 뜨개질하다, 결합하다

최초 학습일	. .

SELF-TEST RESULT

1st	2nd	3rd	4th	5th	6th
/30	/30	/30	/30	/30	/30

REVIEW CHECK

MIDDLE PAGE OF THE PREVIOUS	MIDDLE PAGE OF THIS VOLUME
31	1 16 24 28 30
○ ○ ○ ○ ○ ○ ○	○ ○ ○ ○ ○

- ○ **moderation** [màdəréiʃən]
- ○ **illumination** [ilú:mənèiʃən]

- ○ **intact** [intǽkt]
- ○ **dual** [djú:əl]

- ○ **obese** [oubí:s]
- ○ **perfume** [pərfjú:m]

- ○ **penetrate** [pénətrèit]
- ○ **proclaim** [proukléim]

- ○ **attentive** [əténtiv]
- ○ **propel** [prəpél]

- ○ **reassure** [rì:əʃúər]
- ○ **render** [réndər]

- ○ **tame** [teim]
- ○ **mortal** [mɔ́:rtl]

- ○ **physiology** [fìziάlədʒi]
- ○ **faucet** [fɔ́:sit]

- ○ **penniless** [pénilis]
- ○ **triple** [trípəl]

- ○ **recruit** [rikrú:t]
- ○ **obsess** [əbsés]

n 절제, 중용
n 조명

a 온전한
a 이중의

a 살찐, 뚱뚱한
n 향수 v 향기를 풍기다

v 관통하다, 침투하다
v 선언하다

a 주의 깊은
v 추진하다

v 안심시키다
v 제공하다, 만들다

v 길들이다 a 길들여진
a 필멸의

n 생리학
n 수도꼭지

a 무일푼의
v 세 배로 하다 a 세 배의

v 모집하다 n 신병
v 집착하다

- **arithmetical** [æriθmétikəl]
- **interior** [intíəriər]

- **prestigious** [prestídʒiəs]
- **impairment** [impέərmənt]

- **initiation** [inìʃiéiʃən]
- **insulation** [ínsəlèiʃən]

- **liberation** [líbərèiʃən]
- **abolition** [æbəlíʃən]

- **enforce** [enfɔ́:rs]
- **preoccupy** [priɑ́kjəpài]

무리함수

◆ $y = \sqrt{kx}\,(k \neq 0)$의 그래프

① 정의역은 $\{x \mid kx \geq 0\}$,
치역은 $\{y \mid y \geq 0\}$

② $k > 0$이면 제1사분면,
$k < 0$이면 제2사분면에 있다.

③ $y = \sqrt{kx}$ 와 $y = \sqrt{-kx}$ 의 그래프는
y축에 대하여 대칭이다.

a 산술의
n 내부 a 내부의

a 명망 있는
n 손상

n 개시, 착수
n 단열

n 해방
n 폐지

v 시행하다, 강제하다
v 몰두하게 하다

최초 학습일	. .

SELF-TEST RESULT

1st	2nd	3rd	4th	5th	6th
/30	/30	/30	/30	/30	/30

REVIEW CHECK

MIDDLE PAGE OF THE PREVIOUS	MIDDLE PAGE OF THIS VOLUME
32	2 17 25 29 31
○ ○ ○ ○ ○ ○	○ ○ ○ ○ ○ ○

- ○ **attention** [əténʃən]
- ○ **duality** [dju:ǽləti]

- ○ **nuisance** [njú:səns]
- ○ **obesity** [oubí:səti]

- ○ **penetration** [pénətrèiʃən]
- ○ **propulsion** [prəpʌ́lʃən]

- ○ **radiate** [réidièit]
- ○ **obsession** [əbséʃən]

- ○ **shortcoming** [ʃɔ:rtkʌ́miŋ]
- ○ **mortality** [mɔ:rtǽləti]

- ○ **alternate** [ɔ́:ltərnit]
- ○ **alternate** [ɔ́:ltərnèit]

- ○ **monetary** [mɑ́nətèri]
- ○ **odds** [ɑdz]

- ○ **proficient** [prəfíʃənt]
- ○ **physiological** [fìziəlɑ́dʒikəl]

- ○ **loaf** [louf]
- ○ **rectangle** [réktæŋgəl]

- ○ **complete** [kəmplí:t]
- ○ **probe** [proub]

n 주의, 유의
n 이중성

n 성가심, 골칫거리
n 비만

n 침투, 관통
n 추진(력)

v 방사하다, 발산하다
n 집착

n 단점, 결점
n 사망률

n 번갈아 하는, 대체의
v 교대하다

a 화폐의, 통화의
n 가능성(확률), 역경, 차이

a 능숙한
a 생리학적인

n 빵 한 덩이 v 빈둥거리다
n 직사각형

a 완전한 v 완성하다, 완료하다
n 탐사 v 조사하다

○ **optics** [ɑ́ptiks]
○ **housewarming** [hauswɔːrmiŋ]

○ **rehearse** [rihə́ːrs]
○ **intrigue** [intríːg]

○ **retain** [ritéin]
○ **reassurance** [riəʃúərəns]

○ **penalize** [pénəlàiz]
○ **proclamation** [pràkləméiʃən]

○ **preoccupation** [priàkjəpéiʃən]
○ **ranch** [ræntʃ]

무리함수

◈ $y = \sqrt{k(x-m)} + n\,(k \neq 0)$의 그래프

$y = \sqrt{kx}$ 의 그래프를
　x축의 방향으로 m만큼,
　y축의 방향으로 n만큼 평행이동한것이다.

33

n 광학
n 집들이

v 연습하다
v 호기심을 자극하다 n 계략

v 유지하다, 보유하다
n 안심, 안도

v 벌하다
n 선언

n 몰두
n 목장

최초 학습일	.	.

SELF-TEST RESULT

1st	2nd	3rd	4th	5th	6th
/30	/30	/30	/30	/30	/30

REVIEW CHECK

MIDDLE PAGE OF THE PREVIOUS	MIDDLE PAGE OF THIS VOLUME
33	3 18 26 30 32

- ⃝ **optic** [ɑ́ptik]
- ⃝ **pebble** [pébəl]

- ⃝ **regular** [régjələr]
- ⃝ **retrieve** [ritríːv]

- ⃝ **irresistible** [ìrizístəbəl]
- ⃝ **spontaneous** [spɑntéiniəs]

- ⃝ **synthetic** [sinθétik]
- ⃝ **specimen** [spésəmən]

- ⃝ **obsessive** [əbsésiv]
- ⃝ **pharmacy** [fɑ́ːrməsi]

- ⃝ **archive** [ɑ́ːrkaiv]
- ⃝ **cue** [kjuː]

- ⃝ **subtract** [səbtrǽkt]
- ⃝ **terminate** [tə́ːrmənèit]

- ⃝ **introspective** [ìntrəspéktiv]
- ⃝ **toxic** [tɑ́ksik]

- ⃝ **unbearable** [ʌnbéərəbəl]
- ⃝ **dispense** [dispéns]

- ⃝ **profit** [prɑ́fit]
- ⃝ **loafer** [lóufər]

a 눈의
n 조약돌

a 규칙적인
v 회수하다, 되찾다

a 저항할 수 없는
a 자발적인

a 합성의
n 표본

a 집착적인
n 약국

n 기록 보관소
n 신호 v 신호를 주다

v 빼다
v 종결시키다

a 내성적인
a 독성이 있는

a 참을 수 없는
v 분배하다, 면제하다

n 이익
n 게으름뱅이

○ **proficiency** [prəfíʃənsi]
○ **punctual** [pʌ́ŋktʃuəl]

○ **rectangular** [rektǽŋgjələr]
○ **renown** [rináun]

○ **retention** [riténʃən]
○ **completion** [kəmplí:ʃən]

○ **prose** [prouz]
○ **radiation** [rèidiéiʃən]

○ **rancher** [rǽntʃər]
○ **penalty** [pénəlti]

경우의 수 합의 법칙

◆ 두 사건 A, B가 일어나는 경우의 수가
  각각 m, n 가지일 때.

① A와 B가 동시에 일어나지 않는 경우

  A 또는 B가 일어나는 경우의 수 : $m + n$ 가지

② A와 B가 동시에 일어나는 경우가
  l 가지 있는 경우

  A 또는 B가 일어나는 경우의 수 : $m + n - l$

34

n 능숙함
a 시간을 잘 지키는

a 직사각형의
n 명성

n 유지, 보유
n 완료, 완성, 성취

n 산문
n 방사

n 목장 주인
n 벌금, 처벌

최초 학습일	. .

SELF-TEST RESULT

1st	2nd	3rd	4th	5th	6th
/30	/30	/30	/30	/30	/30

REVIEW CHECK

MIDDLE PAGE OF THE PREVIOUS	MIDDLE PAGE OF THIS VOLUME
34	4 19 27 31 33
○ ○ ○ ○ ○ ○	○ ○ ○ ○ ○ ○

- **rehearsal** [rihə́:rsəl]
- **optical** [ɑ́ptikəl]

- **pledge** [pledʒ]
- **plague** [pleig]

- **circulate** [sə́:rkjəlèit]
- **retrieval** [ritrí:vəl]

- **sew** [sou]
- **simplify** [símpləfài]

- **slaughter** [slɔ́:tər]
- **synthesis** [sínθəsis]

- **spine** [spain]
- **minimize** [mínəmàiz]

- **subtraction** [səbtrǽkʃən]
- **specify** [spésəfài]

- **surpass** [sərpǽs]
- **undermine** [ʌndərmáin]

- **supplement** [sʌ́pləmənt] [-mènt]
- **grin** [grin]

- **temperate** [témpərit]
- **stalk** [stɔ:k]

n 리허설, 연습
a 광학의

n 서약 v 서약하다
n 전염병 v 괴롭히다

v 순환하다
n 회수

v 바느질하다
v 단순화하다

n 도살, 학살 v 도살하다
n 합성

n 척추, 책등
v 최소화하다

n 뺄셈, 공제
v 명시하다

v 능가하다
v 약화시키다

n 보충 v 보충하다
v 씩 웃다 n 씩 웃음

a 온화한
n 줄기, 대 v 몰래 따라가다

35

○ **fraction** [frǽkʃən]
○ **sentiment** [séntəmənt]

○ **twist** [twist]
○ **pharmacist** [fɑ́:rməsist]

○ **sticky** [stíki]
○ **spontaneity** [spɑ̀ntəní:əti]

○ **profitable** [prɑ́fitəbəl]
○ **rigid** [rídʒid]

○ **renowned** [rináund]
○ **punctuality** [pʌ̀ŋktʃuǽləti]

경우의 수 곱의 법칙

◆ 두 사건 A, B에 있어서
  A가 일어나는 경우의 수가 m가지이고
  그 각각에 대하여 B가 일어나는 경우의 수가
  n가지이면,

  A가 일어나고 동시에 B가 일어나는 경우의
  수는 $m \times n$가지이다.

35

n 분수, 파편, 일부
n 감정, 정서

v 비틀다 n 비틀림
n 약사

a 끈적끈적(끈끈)한
n 자발성

a 수익성 있는
a 경직된, 엄격한

a 유명한
n 시간 엄수

최초 학습일	. .

SELF-TEST RESULT

1st	2nd	3rd	4th	5th	6th
/30	/30	/30	/30	/30	/30

REVIEW CHECK

MIDDLE PAGE OF THE PREVIOUS	MIDDLE PAGE OF THIS VOLUME
35 ○ ○ ○ ○ ○ ○	5　20　28　32　34 ○ ○ ○ ○ ○ ○

- ○ **simplification** [sìmpləfikéiʃən]
- ○ **situate** [sítʃuèit]

- ○ **sob** [sɑb]
- ○ **ventilate** [véntəlèit]

- ○ **toxicity** [tɑksísəti]
- ○ **unanimous** [juːnǽnəməs]

- ○ **panel** [pǽnl]
- ○ **unrest** [ʌnrést]

- ○ **yearn** [jəːrn]
- ○ **wretched** [rétʃid]

- ○ **intolerance** [intɑ́lərəns]
- ○ **wicked** [wíkid]

- ○ **trauma** [trɔ́ːmə]
- ○ **bureaucracy** [bjuərɑ́krəsi]

- ○ **zoology** [zouɑ́lədʒi]
- ○ **wizard** [wízərd]

- ○ **orient** [ɔ́ːriənt]
- ○ **beware** [biwéər]

- ○ **ambiguous** [æmbígjuəs]
- ○ **cradle** [kréidl]

n 단순화
v 위치시키다

v 흐느끼다 n 흐느낌
v 환기하다

n 독성
a 만장일치의

n 패널, 판
n 불안, 소요

v 갈망하다
a 비참한

n 참을 수 없음
a 사악한

n 외상, 트라우마
n 관료제

n 동물학
n 마법사

v 방향을 정하다, 적응시키다
v 조심하다

a 모호한
n 요람 v 감싸다

- **sprinkle** [spríŋkəl]
- **tissue** [tíʃuː]

- **verge** [vəːrdʒ]
- **trademark** [treidmɑːrk]

- **supplementary** [sÀpləméntəri]
- **shovel** [ʃÁvəl]

- **spinal** [spáinl]
- **millennium** [miléniəm]

- **specification** [spèsəfikéiʃən]
- **fractional** [frǽkʃənəl]

곱의 법칙에 대한 공식

$N = x^a y^b z^c$(단, x, y, z는 서로 소)

① N의 약수의 개수 : $(a+1)(b+1)(c+1)$

② N의 약수의 총합 :
$$(x^0 + x^1 + x^2 + \cdots + x^a)(y^0 + y^1 + y^2 + \cdots + y^b)(z^0 + z^1 + z^2 + \cdots + z^c)$$

36

v 뿌리다
n 조직, 티슈

n 가장자리 v 가까이 가다
n 상표 v 상표를 등록하다

a 보충적인
n 삽 v 삽질하다

a 척추의
n 천년

n 명시, 상술
a 단편의, 분수의

최초 학습일	.	.

SELF-TEST RESULT

1st	2nd	3rd	4th	5th	6th
/30	/30	/30	/30	/30	/30

REVIEW CHECK

MIDDLE PAGE OF THE PREVIOUS						MIDDLE PAGE OF THIS VOLUME					
36						6	21	29	33	35	
○	○	○	○	○	○	○	○	○	○	○	○

- **sentimental** [sèntəméntl]
- **segment** [ségmənt]

- **authentic** [ɔ:θéntik]
- **restless** [réstlis]

- **vessel** [vésəl]
- **wallet** [wɑ́lit]

- **accommodate** [əkɑ́mədèit]
- **sensory** [sénsəri]

- **zoologist** [zouɑ́lədʒist]
- **belly** [béli]

- **traumatic** [trɔ:mǽtik]
- **nectar** [néktər]

- **bureaucrat** [bjúərəkræt]
- **detach** [ditǽtʃ]

- **beak** [bi:k]
- **dew** [dju:]

- **crooked** [krúkid]
- **blast** [blæst]

- **length** [leŋkθ]
- **ventilation** [vèntəléiʃən]

a 감상적인
n 부분 v 나누다

a 진짜의
a 침착하지 못한, 들떠 있는

n 선박, 용기
n 지갑

v 수용하다, 편의를 제공하다
a 감각의

n 동물학자
n 배, 복부

a 외상적인
n 과즙, 넥타

n 관료
v 분리하다

n 부리
n 이슬

a 구부러진, 부정직한
n 폭발 v 폭파하다다

n 길이
n 환기, 통풍

○ **vein** [vein]
○ **stationery** [stéiʃənèri]

○ **advocate** [ædvəkèit]
○ **advocate** [ædvəkit]

○ **wail** [weil]
○ **ambiguity** [æmbigjú:əti]

○ **orientation** [ɔ̀:rientéiʃən]
○ **uneasy** [ʌní:zi]

○ **wizardry** [wízərdri]
○ **realm** [relm]

◆ 경우의 수를 구하는 요령

① 빠짐없이
② 중복되지 않게
③ 사전식 배열 방법 이용

n 정맥, 혈관
n 문구류

v 옹호하다
n 옹호자

v 울부짖다 n 통곡
n 모호함

n 오리엔테이션
a 불안한

n 마법
n 영역, 왕국

최초 학습일	.	.

SELF-TEST RESULT

1st	2nd	3rd	4th	5th	6th
/30	/30	/30	/30	/30	/30

REVIEW CHECK

MIDDLE PAGE OF THE PREVIOUS							MIDDLE PAGE OF THIS VOLUME				
37							7	22	30	34	36
○	○	○	○	○	○	○	○	○	○	○	○

- **millennial** [miléniəl]
- **simplicity** [simplísəti]

- **outlaw** [áutlɔ̀:]
- **wag** [wæg]

- **vulnerable** [vʌlnərəbəl]
- **crook** [kruk]

- **crude** [kru:d]
- **dewy** [djú:i]

- **zoological** [zòuəlɑ́dʒikəl]
- **peasant** [pézənt]

- **correlate** [kɔ́:rəlèit]
- **clarify** [klǽrəfài]

- **ferment** [fə́:rment]
- **ferment** [fə:rmént]

- **aesthetic** [esθétik]
- **affirm** [əfə́:rm]

- **comply** [kəmplái]
- **midterm** [mídtə:rm]

- **portray** [pɔ:rtréi]
- **widen** [wáidn]

a 천년의
n 단순함

n 무법자 v 금지하다
v 흔들다 n 흔들기

a 취약한
n 사기꾼, 굴곡

a 조잡한, 원유의
a 이슬 맺힌

a 동물학의
n 농민

v 서로 관련시키다
v 명확히 하다

n 발효
v 발효시키다

a 미적인
v 긍정하다

v 준수하다
n 중간고사, 중간시점

v 묘사하다
v 넓히다

○ **authenticity** [ɔ̀:θentísəti]
○ **lengthy** [léŋkθi]

○ **advocacy** [ǽdvəkəsi]
○ **accommodation** [əkὰmədéiʃən]

○ **smash** [smæʃ]
○ **periodic** [pìəriάdik]

○ **bureaucratic** [bjùərəkrǽtik]
○ **boost** [bu:st]

○ **uneasiness** [ʌní:zinis]
○ **venous** [ví:nəs]

순열

◆ 순열 : 서로 다른 n 개의 원에서 r 개를 택하여
　　이들의 순서를 생각하여 일렬로
　　배열하는 것. ⇒ $_nP_r$

38

n 진정성
a 긴

n 옹호, 지지
n 숙소, 편의

v 부수다, 박살내다
a 주기적인

a 관료적인
v 증가시키다 n 증가

n 불안
a 정맥의

최초 학습일	.	.

SELF-TEST RESULT

1st	2nd	3rd	4th	5th	6th
/30	/30	/30	/30	/30	/30

REVIEW CHECK

MIDDLE PAGE OF THE PREVIOUS	MIDDLE PAGE OF THIS VOLUME
38	8 23 31 35 37
○ ○ ○ ○ ○ ○	○ ○ ○ ○ ○

- ○ **mediate** [mí:dièit]
- ○ **correlation** [kɔ:rəléiʃən]

- ○ **clarification** [klæ̀rəfikéiʃən]
- ○ **compliance** [kəmpláiəns]

- ○ **indulge** [indʌ́ldʒ]
- ○ **affirmative** [əfə́:rmətiv]

- ○ **diagonal** [daiǽgənəl]
- ○ **maiden** [méidn]

- ○ **chronological** [krɑ̀nəlɑ́dʒikəl]
- ○ **formidable** [fɔ́:rmədəbl]

- ○ **botany** [bɑ́təni]
- ○ **chamber** [tʃéimbər]

- ○ **by-product** [baiprɑ́dəkt]
- ○ **hatred** [héitrid]

- ○ **figurative** [fígjərətiv]
- ○ **keen** [ki:n]

- ○ **frontier** [frʌntíər]
- ○ **formula** [fɔ́:rmjələ]

- ○ **extract** [ikstrǽkt]
- ○ **extract** [ékstrækt]

v 중재하다
n 상관관계

n 정화, 명확화
n 준수

v 탐닉하다
a 긍정적인

a 대각선의 n 대각선
n 처녀 a 최초의

a 연대순의
a 강력한, 무서운

n 식물학
n 방, 회의실

n 부산물
n 증오

a 비유적인
a 날카로운, 예리한

n 국경, 개척지
n 공식, 방식

v 추출하다
n 추출물

○ **displace** [displéis]
○ **diplomat** [dípləmæt]

○ **numeral** [njú:mərəl]
○ **potent** [póutənt]

○ **dispose** [dispóuz]
○ **blur** [blə:r]

○ **legitimate** [lidʒítəmit]
○ **dissolve** [dizάlv]

○ **coarse** [kɔ:rs]
○ **stern** [stə:rn]

◆ 순열의 수 $_nP_r$의 성질

① $_nP_r = n(n-1)(n-2) \times \cdots \times (n-r+1)$

r 개

② $_nP_r = \dfrac{n!}{(n-r)!}$

③ $_nP_n = n!, \qquad _nP_0 = 1$

39

v 대체하다, 이동시키다
n 외교관

a 수를 나타내는 n 숫자
a 강력한

v 처리하다, 배치하다
n 흐림 v 흐리게 하다

a 합법적인, 정당한
v 녹이다, 해산하다

a 거친
a 엄격한 n 선미(배꼬리)

최초 학습일	.	.

SELF-TEST RESULT

1st	2nd	3rd	4th	5th	6th
/30	/30	/30	/30	/30	/30

REVIEW CHECK

MIDDLE PAGE OF THE PREVIOUS	MIDDLE PAGE OF THIS VOLUME
39	9 24 32 36 38
○ ○ ○ ○ ○ ○	○ ○ ○ ○ ○

- **mediation** [miːdiéiʃən]
- **extraction** [ikstrǽkʃən]

- **indulgence** [indʌ́ldʒəns]
- **chronology** [krənɑ́lədʒi]

- **empirical** [empírikəl]
- **implement** [ímpləmənt]

- **chatter** [tʃǽtər]
- **twilight** [twáilàit]

- **initiative** [iníʃiətiv]
- **bulletin board** [búlətin bɔːrd]

- **pillow** [pílou]
- **tenancy** [ténənsi]

- **observatory** [əbzə́ːrvətɔ̀ːri]
- **revenue** [révənjùː]

- **formulate** [fɔ́ːrmjəlèit]
- **furnish** [fə́ːrniʃ]

- **imply** [implái]
- **discern** [disə́ːrn]

- **dread** [dred]
- **disposal** [dispóuzəl]

40

n 중재
n 추출

n 탐닉
n 연대기

a 경험적인
v 실행하다 n 도구

n 수다 v 재잘거리다
n 황혼

n 주도권, 계획
n 게시판

n 베개
n 임차

n 천문대
n 수익

v 공식화하다
v 제공하다, 가구를 비치하다

v 암시하다
v 식별하다, 분별하다

n 두려움 v 두려워하다
n 처분, 처리

40

○ **botanist** [bɑ́tənist]
○ **enterprise** [éntərpràiz]

○ **potency** [póutənsi]
○ **notable** [nóutəbəl]

○ **legitimacy** [lidʒítəməsi]
○ **ego** [égou]

○ **diplomatic** [dìpləmǽtik]
○ **enlighten** [enláitn]

○ **dissolution** [dìsəlú:ʃən]
○ **displacement** [displéismənt]

◆ 계승(!)의 성질

① $0! = 1$
② $n(n-1)! = n(n-1)(n-2)! = n!$
③ $\dfrac{n!}{n} = (n-1)!$
④ $n! = n(n-1)(n-2)(n-3) \times \cdots 3 \times 2 \times 1$

40

n 식물학자
n 기업

n 힘, 세력
a 주목할 만한

n 정당성
n 자아, 자존심

a 외교적인
v 계몽하다, 깨우치다

n 해산
n 이동

최초 학습일	.	.

SELF-TEST RESULT

1st	2nd	3rd	4th	5th	6th
/30	/30	/30	/30	/30	/30

REVIEW CHECK

MIDDLE PAGE OF THE PREVIOUS	MIDDLE PAGE OF THIS VOLUME
40	10 25 33 37 39
○ ○ ○ ○ ○ ○	○ ○ ○ ○ ○ ○

- **glare** [glɛər]
- **initiate** [iníʃièit]

- **manuscript** [mǽnjəskrìpt]
- **wage** [weidʒ]

- **tenant** [ténənt]
- **oblige** [əbláidʒ]

- **postpone** [poustpóun]
- **incident** [ínsədənt]

- **recollect** [rèkəlékt]
- **vanish** [vǽniʃ]

- **humiliate** [hju:mílièit]
- **minimal** [mínəməl]

- **vigor** [vígər]
- **questionnaire** [kwèstʃənέər]

- **uphold** [ʌphóuld]
- **resign** [rizáin]

- **prudent** [prú:dənt]
- **refrain** [rifréin]

- **outrage** [áutrèidʒ]
- **analogy** [ənǽlədʒi]

n 눈부심 v 노려보다
v 시작하다

n 원고
n 임금, 노임

n 세입자
v 의무를 지우다

v 연기하다
n 사건

v 회상하다
v 사라지다

v 굴욕을 주다
a 최소의

n 활력
n 설문지

v 지지하다, 유지하다
v 사임하다

a 신중한
v 삼가다

n 분노 v 격분시키다
n 비유, 유사

○ **implementation** [ìmpləməntéiʃən]
○ **rust** [rʌst]

○ **downplay** [dáunplei]
○ **plump** [plʌmp]

○ **upcoming** [ʌpkʌmimiŋ]
○ **implication** [implikéiʃən]

○ **overtake** [òuvərtéik]
○ **dreadful** [drédfəl]

○ **chatty** [tʃǽti]
○ **botanical** [bətǽnikəl]

조건이 있는 순열

◆ 이웃할 경우 :
　이웃하는 것들을 묶어서 하나로 생각하고,
　묶인 부분의 자체 내에서의 수를 곱해준다.

◆ 이웃하지 못할 경우 :
　이웃해도 좋은 것을 먼저 배열하고,
　그 사이사이에 이웃하지 못하는 것들을
　배열하는 순열의 수를 구하여 곱한다.

◆ [적어도....]하면 : 여집합을 이용한다.

41

n 실행
n 녹 v 녹슬다

v 축소하다
a 통통한 v 부풀리다

a 다가오는
n 함축, 영향

v 추월하다
a 무서운

a 수다스러운
a 식물학의

최초 학습일	.	.

SELF-TEST RESULT

1st	2nd	3rd	4th	5th	6th
/30	/30	/30	/30	/30	/30

REVIEW CHECK

MIDDLE PAGE OF THE PREVIOUS	MIDDLE PAGE OF THIS VOLUME
41	11　26　34　38　40
○ ○ ○ ○ ○ ○	○ ○ ○ ○ ○ ○

- ○ **asymmetry** [eisímətri]
- ○ **hybrid** [háibrid]

- ○ **ornament** [ɔ́:rnəmənt]
- ○ **torch** [tɔːrtʃ]

- ○ **virtue** [və́:rtʃuː]
- ○ **carbohydrate** [kɑ́:rbouháidreit]

- ○ **rear** [riər]
- ○ **bankruptcy** [bǽŋkrʌptsi]

- ○ **deficiency** [difíʃənsi]
- ○ **ambivalent** [æmbívələnt]

- ○ **diaper** [dáiəpər]
- ○ **navigate** [nǽvəgèit]

- ○ **posture** [pɑ́stʃər]
- ○ **parallel** [pǽrəlèl]

- ○ **converse** [kənvə́:rs]
- ○ **intervene** [ìntərvíːn]

- ○ **gravitate** [grǽvətèit]
- ○ **mustache** [mʌ́stæʃ]

- ○ **vigorous** [vígərəs]
- ○ **geometry** [dʒiːɑ́mətri]

n 비대칭
n 잡종 a 하이브리드의

n 장식(품) v 장식하다
n 횃불 v 불태우다

n 미덕
n 탄수화물

n 뒤쪽 v 기르다 a 후방의
n 파산

n 결핍, 부족
a 양가적인

n 기저귀
v 항해하다, 탐색하다

n 자세, 태도
a 평행한 n 평행선 v 평행하다

v 대화하다
v 개입하다

v 끌리다
n 콧수염

a 활기찬
n 기하학

- ○ **rusty** [rʌ́sti]
- ○ **obligation** [àbləgéiʃən]

- ○ **resignation** [rèzignéiʃən]
- ○ **reluctant** [rilʌ́ktənt]

- ○ **prudence** [prú:dəns]
- ○ **minimize** [mínəmàiz]

- ○ **incidental** [ìnsədéntl]
- ○ **whip** [hwip]

- ○ **outrageous** [autréidʒəs]
- ○ **analogous** [ənǽləgəs]

조합

◆ 조합 : 서로 다른 n개에서 r개를 택할 때,
순서를 생각하지 않는 경우의 수 $\Rightarrow {}_nC_r$

◆ 중복조합 : 서로 다른 n개의 원 중에서
중복을 허락하여 r개를 택하는 조합
$$\Rightarrow {}_nH_r = {}_{n+r-1}C_r$$

42

a 녹슨
n 의무

n 사임
a 꺼리는

n 신중함
v 최소화하다

a 부수적인
n 채찍 v 휘젓다

a 터무니없는
a 유사한

최초 학습일	. .

SELF-TEST RESULT

1st	2nd	3rd	4th	5th	6th
/30	/30	/30	/30	/30	/30

REVIEW CHECK

MIDDLE PAGE OF THE PREVIOUS	MIDDLE PAGE OF THIS VOLUME
42	12 27 35 39 41
○ ○ ○ ○ ○ ○	○ ○ ○ ○ ○ ○

○ **sheer** [ʃiər]
○ **intrude** [intrú:d]

○ **dilemma** [dilémə]
○ **whirl** [hwə:rl]

○ **install** [instɔ́:l]
○ **inject** [indʒékt]

○ **ambassador** [æmbǽsədər]
○ **imitate** [ímitèit]

○ **smother** [smʌ́ðər]
○ **lag** [læg]

○ **fin** [fin]
○ **heap** [hi:p]

○ **cram** [kræm]
○ **soak** [souk]

○ **inspect** [inspékt]
○ **tow** [tou]

○ **navigation** [nævəgéiʃən]
○ **manned** [mænd]

○ **ambivalence** [æmbívələns]
○ **asymmetric** [èisimétrik]

a 얇은, 순전한
v 침입하다

n 딜레마, 진퇴양난
v 소용돌이치다 n 소용돌이

v 설치하다
v 주사하다, 주입하다

n 대사, 사절
v 모방하다, 흉내 내다

v 질식(사)시키다
v 뒤처지다 n 지체

n 지느러미
n 더미 v 쌓아올리다

v 억지로 채워 넣다, 밀어 넣다
v 담그다

v 검사하다
v 견인하다 n 견인

n 항해
a 유인(有人)의

n 양가성
a 비대칭의

- ○ **systematic** [sìstəmǽtik]
- ○ **deficient** [difíʃənt]

- ○ **bankrupt** [bǽŋkrʌpt]
- ○ **conversation** [kànvərséiʃən]

- ○ **intervention** [ìntərvénʃən]
- ○ **gravitation** [grævətéiʃən]

- ○ **virtuous** [və́:rtʃuəs]
- ○ **geometric** [dʒì:əmétrik]

- ○ **ornamental** [ɔ̀:rnəméntl]
- ○ **reluctance** [rilʌ́ktəns]

조합의 수 $_nC_r$의 성질

① $\displaystyle _nC_r = \frac{n(n-1)\cdots(n-r+1)}{r!}$

$\displaystyle = \frac{_nP_r}{r!} = \frac{n!}{r!(n-r)!}$

②
$$_nC_r = {}_nC_{n-r}, \quad _nC_0 = {}_nC_n = 1, \quad _nC_1 = {}_nC_{n-1} = n$$

a 체계적인
a 부족한

a 파산한 v 파산시키다
n 대화

n 개입
n 인력

a 덕 있는
a 기하학적인

a 장식적인
n 꺼림

최초 학습일	.	.

SELF-TEST RESULT

1st	2nd	3rd	4th	5th	6th
/30	/30	/30	/30	/30	/30

REVIEW CHECK

MIDDLE PAGE OF THE PREVIOUS	MIDDLE PAGE OF THIS VOLUME
43	13 28 36 40 42
○ ○ ○ ○ ○ ○ ○	○ ○ ○ ○ ○ ○

- **scribble** [skríbəl]
- **estimate** [éstəmèit]

- **offspring** [ɔ́(:)fsprìŋ]
- **mimic** [mímik]

- **dominant** [dɑ́mənənt]
- **wither** [wíðər]

- **coordinate** [kouɔ́:rdəneit]
- **perspire** [pərspáiər]

- **retina** [rétənə]
- **ecstasy** [ékstəsi]

- **mutton** [mʌ́tn]
- **misery** [mízəri]

- **renovate** [rénəvèit]
- **synthesize** [sínθəsàiz]

- **adorn** [ədɔ́:rn]
- **diarrhea** [dàiərí:ə]

- **abstain** [æbstéin]
- **acupuncture** [ǽkjupʌ̀ŋktʃər]

- **distinctive** [distíŋktiv]
- **morbid** [mɔ́:rbid]

v 낙서하다, 휘갈겨 쓰다
v 추정하다, 평가하다

n 자손, 자식
v 흉내 내다, 모사하다

a 지배적인
v 시들다, 약해지다

v 조정하다, 조화시키다
v 땀을 흘리다

n 망막
n 황홀, 도취

n 양고기
n 불행, 고통

v 혁신하다, 쇄신하다
v 합성하다, 종합하다

v 장식하다, 꾸미다
n 설사

v 삼가다, 기권하다
n 침술

a 독특한
a 병적인

○ **dehydrate** [diːháidreit]
○ **connotation** [kànoutéiʃən]

○ **polygon** [páligàn]
○ **federation** [fèdəréiʃən]

○ **extravagance** [ikstrǽvəgəns]
○ **vendor** [véndər]

○ **petition** [pitíʃən]
○ **calligraphy** [kəlígrəfi]

○ **inspection** [inspékʃən]
○ **intrusion** [intrúːʒən]

조 나누는 방법과 분배하는 방법

◆ 서로 다른 n 개의 물건을 p개, q개, r 개의
3조로 나누는 방법의 수는 (단, $p+q+r=n$)

① $p,\ q,\ r$ 이 서로 다르면 :
$$_nC_p \times\ _{n-p}C_q \times\ _rC_r$$

② $p,\ q,\ r$ 중 어느 두 개가 같으면 :
$$_nC_p \times\ _{n-p}C_q \times\ _rC_r \div 2!$$

③ $p,\ q,\ r$ 이 모두 같으면 :
$$_nC_p \times\ _{n-p}C_q \times\ _rC_r \div 3$$

※ 세 조로 나눈 다음 , 이것을 다시 $A,\ B,\ C$
세 사람에게 분배하는 방법의 수는 위의 각 경
우에 3!을 곱해준다.

44

v 탈수하다
n 함축, 암시

n 다각형
n 연방

n 낭비
n 판매자

n 청원
n 서예

n 검사
n 침입

최초 학습일	.	.

SELF-TEST RESULT

1st	2nd	3rd	4th	5th	6th
/30	/30	/30	/30	/30	/30

REVIEW CHECK

MIDDLE PAGE OF THE PREVIOUS	MIDDLE PAGE OF THIS VOLUME
44	14 29 37 41 43
○ ○ ○ ○ ○ ○	○ ○ ○ ○ ○ ○

- **anecdote** [ǽnikdòut]
- **publicize** [pʌ́bləsàiz]

- **playwright** [pléirait]
- **mural** [mjúərəl]

- **sequence** [síːkwəns]
- **hostage** [hάstidʒ]

- **confinement** [kənfáinmənt]
- **herbivore** [hə́rbəvɔ̀ːr]

- **liberalism** [líbərəlizəm]
- **hibernation** [haibərnéiʃən]

- **hypothesis** [haipάθəsis]
- **chromosome** [króuməsòum]

- **catalyst** [kǽtəlist]
- **forfeit** [fɔ́ːrfit]

- **invade** [invéid]
- **sleet** [sliːt]

- **avalanche** [ǽvəlæ̀ntʃ]
- **innermost** [ínərmoust]

- **innumerable** [injúːmərəbəl]
- **offhand** [ɔ́ːfhænd]

45

n 일화
v 선전〔공표, 광고〕하다

n 극작가
n 벽화

n 순서, 연속
n 인질

n 감금
n 초식동물

n 자유주의
n 동면

n 가설
n 염색체

n 촉매
v 몰수당하다, 잃다

v 침략하다, 침입하다
n 진눈깨비

n 눈사태
a 가장 깊은

a 셀 수 없이 많은
a 즉석의

○ **susceptible** [səséptəbəl]
○ **devout** [diváut]

○ **corrupt** [kərʌpt]
○ **deter** [ditə́:r]

○ **arrogant** [ǽrəgənt]
○ **defendant** [diféndənt]

○ **blunt** [blʌnt]
○ **elastic** [ilǽstik]

○ **shabby** [ʃǽbi]
○ **torment** [tɔ́:rment]

행렬과 그 연산

◆ 행렬 : 수, 문자를 괄호 ( )안에 직사각형의
　　　꼴로 배열한 것.
◆ 행 : 행렬의 가로 줄, 위로부터 차례로 제1행,
　　　제2행, 제3행, …
◆ 열 : 행렬의 세로 줄, 왼쪽부터 차례로 제1열,
　　　제2열, 제3열, …
◆ 정사각행렬 : 행의 수와 열의 수가 같은 행렬
◆ n차 정사각행렬 : $n \times n$행렬

◆ 행렬의 표현 :
① m행 , n열로 이루어진 행렬 : $m \times n$행렬
② 제 i행과 j열의 교차점에 위치해 있는 성분 :
　　$(i, \ j)$성분 또는 원, a_{ij}로 나타낸다.

45

a 민감한, 영향을 받기 쉬운
a 독실한

a 부패한
v 저지하다, 단념시키다

a 오만한
n 피고

a 무딘, 직설적인
a 탄력 있는

a 초라한
v 괴롭히다, 고통을 주다

최초 학습일	.	.

SELF-TEST RESULT

1st	2nd	3rd	4th	5th	6th
/30	/30	/30	/30	/30	/30

REVIEW CHECK

MIDDLE PAGE OF THE PREVIOUS	MIDDLE PAGE OF THIS VOLUME
45	15　30　38　42　44
○ ○ ○ ○ ○ ○	○ ○ ○ ○ ○ ○

- ○ **dispatch** [dispǽtʃ]
- ○ **salvation** [sælvéiʃən]

- ○ **menace** [ménəs]
- ○ **somber** [sɑ́mbər]

- ○ **sprain** [sprein]
- ○ **evoke** [ivóuk]

- ○ **delinquency** [dilíŋkwənsi]
- ○ **collide** [kəláid]

- ○ **compile** [kəmpáil]
- ○ **forge** [fɔːrdʒ]

- ○ **fungus** [fʌ́ŋgəs]
- ○ **provoke** [prəvóuk]

- ○ **deforestation** [diːfɔ̀(ː)ristéiʃən]
- ○ **sanctuary** [sǽŋktʃuèri]

- ○ **hasten** [héisn]
- ○ **ravage** [rǽvidʒ]

- ○ **obliterate** [əblítərèit]
- ○ **idolize** [áidəlàiz]

- ○ **afflict** [əflíkt]
- ○ **bestow** [bistóu]

v 발송하다, 급파하다
n 구원

v 위협하다, 해가 되다
a 침울한

v 삐다 n 염좌
v 불러일으키다, 환기하다

n (청소년의) 비행, 체납
v 충돌하다

v 편집하다, 수집하다
v 위조하다, 단조하다

n 곰팡이
v 유발하다, 자극하다

n 삼림 벌채
n 보호구역, 거룩한 장소

v 서두르다, 재촉하다
v 파괴하다, 황폐하게 하다

v 전멸시키다, 지우다
v 우상화하다, 동경하다

v 괴롭히다, 고통스럽게 하다
v 수여하다, 주다

○ **inhale** [inhéil]
○ **twig** [twig]

○ **exterminate** [ikstə́:rmənèit]
○ **diverge** [divə́:rdʒ]

○ **assassinate** [əsǽsənèit]
○ **domesticate** [douméstəkèit]

○ **commence** [kəméns]
○ **adore** [ədɔ́:r]

○ **speculate** [spékjəlèit]
○ **euthanasia** [jù:θənéiʒiə]

행렬의 상등

◆ 두행렬이 서로 같다면 즉

$$\begin{pmatrix} a_{11}\ a_{12} \\ a_{21}\ a_{22} \end{pmatrix} = \begin{pmatrix} b_{11}\ b_{12} \\ b_{21}\ b_{22} \end{pmatrix}$$

$$\Leftrightarrow$$

$$a_{11} = b_{11},\ a_{12} = b_{12}$$
$$a_{21} = b_{21},\ a_{22} = b_{22}$$

v 숨을 들이쉬다
n 잔가지

v 전멸시키다, 근절하다
v 갈라지다

v 암살하다
v 길들이다

v 시작하다
v 숭배하다, 매우 좋아하다

v 추측하다, 투기하다
n 안락사

최초 학습일	. .

SELF-TEST RESULT

1st	2nd	3rd	4th	5th	6th
/30	/30	/30	/30	/30	/30

REVIEW CHECK

MIDDLE PAGE OF THE PREVIOUS						MIDDLE PAGE OF THIS VOLUME				
46						16	31	39	43	45
○	○	○	○	○	○	○	○	○	○	○

- ○ **corpse** [kɔ:rps]
- ○ **cremation** [kriméiʃən]

- ○ **realty** [rí:əlti]
- ○ **tickle** [tíkəl]

- ○ **submerge** [səbmə́:rdʒ]
- ○ **abortion** [əbɔ́:rʃən]

- ○ **deliberate** [dilíbərit]
- ○ **deliberate** [dilíbərèit]

- ○ **compulsory** [kəmpʌ́lsəri]
- ○ **puberty** [pjú:bərti]

- ○ **commemorate** [kəmémərèit]
- ○ **embryo** [émbriòu]

- ○ **loathe** [louð]
- ○ **abstract** [æbstrǽkt]

- ○ **commonplace** [kámənplèis]
- ○ **homogeneous** [hòumədʒí:niəs]

- ○ **impoverish** [impávəriʃ]
- ○ **capsize** [kǽpsaiz]

- ○ **meditate** [médətèit]
- ○ **inflate** [infléit]

n 시체
n 소각, 화장

n 부동산
v 간지럽히다

v 잠기다, 물속에 가라앉다
n 낙태

a 의도적인
v 심사숙고하다

a 의무적인
n 사춘기

v 기념하다
n 배아

v 몹시 싫어하다
a 추상적인

a 평범한
a 동질의

가난하게 하다
v 전복하다

v 명상하다, 깊이 생각하다
v 부풀리다, 팽창하다

- ○ **paternal** [pətə́:rnl]
- ○ **medieval** [mì:díí:vəl]

- ○ **sympathize** [símpəθàiz]
- ○ **contemplate** [kántəmplèit]

- ○ **detest** [ditést]
- ○ **preliminary** [prilímənèri]

- ○ **closet** [klázit]
- ○ **hearth** [hɑ:rθ]

- ○ **infection** [infékʃən]
- ○ **degenerate** [didʒénərèit]

행렬의 덧셈과 실수배

◆ k, l 이 실수이고 A, B, C가 같은 꼴의 행렬일 때

① $A + B = B + A$　(교환법칙)

② $(A + B) + C = A + (B + C)$ (결합법칙)

③ $1A = A$, $(-1)A = -A$
　$0A = O$, $kO = O$

④ $(kl)A = k(lA)$　(결합법칙)

⑤ $(k + l)A = kA + lA$　(분배법칙)
　$k(A + B) = kA + kB$

◆ 영인자 : 행렬의 모든 성분이 0인 행렬

a 부성의
a 중세의

v 동정하다, 공감하다
v 숙고하다, 응시하다

v 혐오하다
a 예비의, 초기의

n 벽장, 옷장
n 난로, 화로

n 감염
v 퇴보하다, 타락하다

최초 학습일	.	.

SELF-TEST RESULT

1st	2nd	3rd	4th	5th	6th
/30	/30	/30	/30	/30	/30

REVIEW CHECK

MIDDLE PAGE OF THE PREVIOUS						MIDDLE PAGE OF THIS VOLUME				
47						17	32	40	44	46
○	○	○	○	○	○	○	○	○	○	○

- **utensil** [ju:ténsəl]
- **deteriorate** [ditíəriərèit]

- **veterinarian** [vètərənɛ́əriən]
- **complexion** [kəmplékʃən]

- **associate** [əsóuʃièit]
- **investigate** [invéstəgèit]

- **impulse** [ímpʌls]
- **vogue** [voug]

- **fad** [fæd]
- **veal** [vi:l]

- **indifference** [indífərəns]
- **melancholy** [mélənkàli]

- **anguish** [ǽŋgwiʃ]
- **intake** [ínteik]

- **photosynthesis** [foutousínθəsis]
- **intensify** [inténsəfài]

- **infer** [infə́:r]
- **evaluate** [ivǽljuèit]

- **straightforward** [strèitfɔ́:rwərd]
- **vocation** [voukéiʃən]

n 도구, 기구
v 악화하다

n 수의사
n 안색

v 연관짓다, 교제하다
v 조사하다

n 충동
n 유행, 성행

n 일시적 유행
n 송아지 고기

n 무관심
n 우울

n 극심한 고통
n 섭취

n 광합성
v 강화하다, 심화하다

v 추론하다
v 평가하다

a 솔직한, 간단한
n 천직, 직업

○ **ridge** [ridʒ]
○ **ingredient** [ingrí:diənt]

○ **bruise** [bru:z]
○ **blister** [blístər]

○ **subconscious** [sʌbkɑ́nʃəs]
○ **defy** [difái]

○ **measles** [mí:zəlz]
○ **insomnia** [insɑ́mniə]

○ **peculiar** [pikjú:ljər]
○ **hospitality** [hὰspitǽləti]

행렬의 곱셈

◆ 두 2×2 행렬 A, B의 곱
AB는 다음과 같이 정의한다.

$$\begin{pmatrix} a & b \\ c & d \end{pmatrix}\begin{pmatrix} e & f \\ g & h \end{pmatrix} = \begin{pmatrix} ae + bg & af + bh \\ ce + dg & cf + dh \end{pmatrix}$$

n 산마루, 능선
n 재료, 구성요소

n 멍
n 물집

n 잠재의식
v 거역하다, 도전하다

n 홍역
n 불면증

a 독특한, 특유의
n 환대

최초 학습일 | . .

SELF-TEST RESULT

1st	2nd	3rd	4th	5th	6th
/30	/30	/30	/30	/30	/30

REVIEW CHECK

MIDDLE PAGE OF THE PREVIOUS	MIDDLE PAGE OF THIS VOLUME
48 ○ ○ ○ ○ ○ ○	18 33 41 45 47 ○ ○ ○ ○ ○ ○

- **consent** [kənsént]
- **congestion** [kəndʒéstʃən]

- **preach** [pri:tʃ]
- **compel** [kəmpél]

- **assert** [əsə́:rt]
- **inheritance** [inhéritəns]

- **freight** [freit]
- **garment** [gɑ́:rmənt]

- **kinship** [kínʃip]
- **periodical** [pìəriɑ́dikəl]

- **pirate** [páiərət]
- **advent** [ǽdvent]

- **criterion** [kraitíəriən]
- **hermit** [hə́:rmit]

- **pension** [pénʃən]
- **manure** [mənjúər]

- **expenditure** [ikspéndritʃər]
- **transaction** [trænsǽkʃən]

- **petroleum** [pitróuliəm]
- **segregation** [sègrigéiʃən]

v 동의하다, 허락하다
n 혼잡

v 설교하다, 전파하다
v 강요하다

v 주장하다
n 상속

n 화물
n 의복

n 혈연
a 주기적인 n 정기 간행물

n 해적, 표절자 v 해적질하다
n 도래

n 기준
n 은둔자

n 연금
n 거름

n 지출
n 거래

n 석유
n 분리, 격리

49

○ **turmoil** [tə́:rmɔil]
○ **competence** [kámpətəns]

○ **lingua franca** [líŋgwəfrǽŋkə]
○ **linger** [líŋgər]

○ **quotation** [kwoutéiʃən]
○ **rhetoric** [rétərik]

○ **interlude** [íntərlù:d]
○ **arson** [ɑ́:rsn]

○ **privilege** [prívəlidʒ]
○ **entrust** [entrʌ́st]

행렬의 곱에 관한 성질

◆k가 실수, A, B, C가 n차 정사각행렬일 때
① $(AB)C = A(BC)$ (결합법칙)
② $A(B+C) = AB+AC$, $(A+B)C = AC+BC$
                       (분배법칙)
③ $k(AB) = (kA)B = A(kB)$
④ $AE = EA = A$ (E는 단위행렬)
⑤ 행렬의 곱셈에서는 교환법칙이 성립하지 않는다.
⑥ 행렬의 거듭제곱

$$A^2 = AA, \quad A^3 = A^2, \quad A^n = A^{n-1}A$$
$$A^m A^n = A^{m+n}, \quad (A^m)^n = A^{mn}$$

⑦ $A \neq O$, $B \neq O$이면서 $AB = O$을 만족하는 행렬 A, B를 영인자라고 한다. 즉 행렬의 곱셈에서는 영인자가 존재한다.
따라서 $AB = O$이더라도
$A = O$ 또는 $B = O$이라고 말할 수 없다.

49

n 혼란, 소동
n 역량

n 공용어
v 지체하다, 머무르다

n 인용
n 수사학

n 막간, 중간 삽입곡
n 방화

n 특권
v 위임하다, 맡기다

최초 학습일	. .

SELF-TEST RESULT

1st	2nd	3rd	4th	5th	6th
/30	/30	/30	/30	/30	/30

REVIEW CHECK

MIDDLE PAGE OF THE PREVIOUS	MIDDLE PAGE OF THIS VOLUME
49	19 34 42 46 48
○ ○ ○ ○ ○ ○	○ ○ ○ ○ ○

- ○ **avenue** [ǽvənjù:]
- ○ **equality** [i(:)kwǽləti]

- ○ **sustain** [səstéin]
- ○ **electronics** [ilèktrániks]

- ○ **mutation** [mju:téiʃən]
- ○ **barter** [bɑ́:rtər]

- ○ **acquit** [əkwít]
- ○ **ample** [ǽmpl]

- ○ **timely** [táimli]
- ○ **perpetual** [pərpétʃuəl]

- ○ **exploit** [éksplɔit]
- ○ **persecute** [pə́:rsikjù:t]

- ○ **remnant** [rémnənt]
- ○ **coherent** [kouhíərənt]

- ○ **arthritis** [ɑ:rθráitis]
- ○ **ceasefire** [sí:sfaiər]

- ○ **hymn** [him]
- ○ **ubiquitous** [ju:bíkwətəs]

- ○ **latitude** [lǽtətjù:d]
- ○ **constellation** [kanstəléiʃən]

n 대로, 가로수 길
n 평등

v 지속하다, 지탱하다
n 전자공학

a 돌연변이
v 물물교환하다

v 무죄로 석방하다
a 충분한

a 적시의
a 영속적인

v 착취하다, 이용하다
v 박해하다

n 잔재
a 일관성 있는

n 관절염
n 휴전

n 찬송가
a 어디에나 있는

n 위도
n 별자리

- ○ **exile** [égzail]
- ○ **strait** [streit]

- ○ **demolish** [dimάliʃ]
- ○ **impart** [impάːrt]

- ○ **differentiate** [dìfərénʃièit]
- ○ **segregate** [ségrigèit]

- ○ **conceive** [kənsíːv]
- ○ **skeleton** [skélətn]

- ○ **requisite** [rékwəzit]
- ○ **precede** [prisíːd]

행렬 주의 사항

① 행렬의 곱셈에서는 교환법칙이 성립하지 않는다 $\Rightarrow AB \neq BA$

② $(A + B)^2 = A^2 + 2AB + B^2$이 성립하기 위해서는 $AB = BA$일 때 이다.

③ $(A + B)(A - B) = A^2 - B^2$이 성립하기 위해서는 $AB = BA$일 때 이다.

④ $AB = O$이라고 $A = O$또는 $B = O$이라고 말할 수 없다.

⑤ $AB = AC$일 때, $A \neq O$인데도 불구하고 $B = C$가 성립하지 않는다.

⑥ $A \neq O$이라도 $A^2 = O$일 수도 있다.

50

v 추방하다 n 망명
n 해협

v 파괴하다, 철거하다
v 전하다, 주다

v 차별화하다, 구별하다
v 분리하다, 차별하다

v 구상하다, 상상하다
n 골격

a 필수적인 n 필수품
v 앞서다

최초 학습일	. .

SELF-TEST RESULT

1st	2nd	3rd	4th	5th	6th
/30	/30	/30	/30	/30	/30

REVIEW CHECK

MIDDLE PAGE OF THE PREVIOUS	MIDDLE PAGE OF THIS VOLUME
50	20 35 43 47 49
○ ○ ○ ○ ○ ○	○ ○ ○ ○ ○ ○

EBBINGHAUS
WORDBOOK

에빙하우스 수능만점 영단어
COURSE H-2

저자
이순범

* University of California, Irvine, TESOL
* 전, JFK 어학원 iBT TOEFL 전임강사
* 전, 퍼스트제일학원 고등부영어 단과강사
* 전, 둔산제일학원 고등부영어 단과강사
* 전, 이순범 영어전문학원 원장
* 현, 비영리교육연구단체 우리청소년모두엘리트로 대표
* 현, 에빙플랜드(EBBING PLANNED) 대표

EBBINGHAUS WORDBOOK
ⓒ 이순범, 2025

초판 1쇄 발행 2025년 10월 20일

지은이   이순범
펴낸이   이기봉
편집   좋은땅 편집팀
펴낸곳   도서출판 좋은땅
주소   서울특별시 마포구 양화로12길 26 지월드빌딩 (서교동 395-7)
전화   02-374-8616~7
팩스   02-374-8614
이메일   gworldbook@naver.com
홈페이지 www.g-world.co.kr

ISBN 979-11-388-4795-7 (52740)